Le tsunami numérique

DU MÊME AUTEUR

Du bizutage, des Grandes Écoles et de l'élite (avec Pascal Junghans), Plon, 1993.

Comment la gauche a perdu l'école, Hachette Littératures, 2003, Pluriel, 2004.

La République des enseignants (avec Brigitte Perucca), Jacob-Duvernet, 2003.

Luc Ferry. Une comédie du pouvoir (2002-2004) (avec Didier Hassoux), Hachette Littératures, 2004.

Réveille-toi, Jules Ferry, ils sont devenus fous !, Oh ! Éditions, 2006, Pocket, 2007.

Les universités sont-elles solubles dans la mondialisation ?, Hachette Littératures, 2006.

Emmanuel Davidenkoff

Le tsunami numérique

Éducation
Tout va changer ! Êtes-vous prêts ?

Stock

Couverture Pierre Martin Vielcazat

ISBN 978-2-234-06054-8

« Aujourd'hui, nous recevons trois éducations différentes ou contraires : celle de nos pères, celle de nos maîtres, celle du monde. Ce qu'on nous dit dans la dernière renverse toutes les idées des premières, chose que les anciens ne connaissaient pas. »

Montesquieu, *De l'esprit des lois*, 1748

Introduction

Un tsunami s'apprête à déferler sur nos écoles, nos universités, nos grandes écoles. Du nord au sud de la Silicon Valley californienne, établissements d'enseignement supérieur, entreprises, centres de recherche publics ou privés ont inscrit l'éducation sur leurs agendas de travail, à égalité avec les autres priorités du moment – nanotechnologies, génomes à trois cents dollars, biotechnologies, énergies vertes… L'écosystème qui a converti en quelques décennies des milliards d'êtres humains au smartphone et à Internet a mis toute sa puissance de travail et d'innovation au service d'un objectif : réinventer l'éducation.

Si ce tsunami produit sur l'éducation les mêmes effets que sur les industries de la presse, du disque ou de la distribution – précédentes cibles, qui restèrent trop longtemps confites dans leur modèle économique et leurs tranquilles certitudes –, trois conséquences affecteront demain les enseignements primaire et supérieur, après-demain l'enseignement secondaire : un changement de modèle économique conduisant à une baisse des tarifs du privé, donc à un changement radical des termes du marché scolaire et universitaire ; une prise de pouvoir définitive du consommateur d'école sur le citoyen usager du service public ; la montée en puissance des organisations collaboratives au détriment des structures pyramidales, qui dominent l'organisation scolaire et universitaire partout dans le monde, notamment en France. Que vous soyez étudiant, parent, salarié ou enseignant, ce tsunami vous atteindra. Ceux qui l'auront anticipé et en auront compris les dynamiques en tireront profit ; les autres en pâtiront, rudement. L'objet de ce livre est d'en décoder l'impact individuel et collectif.

Ces changements concerneront en premier lieu l'enseignement supérieur. Parce qu'il est déjà structuré en marché. Parce que le secteur privé y est fort et s'est construit, depuis ses origines, sur sa capacité à proposer des approches pédagogiques disruptives. Parce que les ordinateurs, tablettes et smartphones ont déjà envahi amphis et salles de travaux dirigés alors qu'ils restent le plus souvent dans les cartables au collège et au lycée. Parce que nombre d'établissements ont effectué les indispensables investissements matériels. Parce que le lien avec le marché de l'emploi permettra très vite de prouver – ou non – l'efficacité de telle ou telle innovation. Enfin parce qu'une partie minoritaire mais hyperactive et influente du secteur vit à l'heure de la mondialisation.

Les signes annonciateurs de la révolution sont déjà perceptibles et ne concernent pas seulement l'engouement pour les MOOC (Massive Open Online Courses), qui méritent attention et encouragements, mais dont la conception actuelle est probablement à l'innovation pédagogique ce que *Pong* est à *World of Warcraft* en matière de jeu vidéo (le MOOC se contente pour l'heure d'actualiser la forme la plus traditionnelle, la plus conservatrice, de pédagogie : celle du cours magistral). Écoles de commerce, d'ingénieurs, de design sont en train de diversifier leurs modes de recrutement et leurs organisations pédagogiques pour y intégrer les fondamentaux de la révolution numérique et de l'innovation ; on commence à enseigner le *design thinking*. Des formations mariant commerce, technologie et conception voient le jour (Web School Factory, master Idea à Lyon...). Le potentiel pédagogique des « jeux sérieux » (*serious games*) commence à être reconnu. Certaines écoles renoncent aux concours traditionnels pour aller chercher les talents ailleurs que dans le vivier formaté des bacheliers S mention très bien (France Business School), d'autres – y compris les plus prestigieuses – élargissent leurs viviers de recrutement via des voies d'accès destinées aux bacheliers moins « scolaires » (d'ores et déjà deux diplômés de grande école sur trois ne sont pas passés par une classe préparatoire, étape qui n'est aujourd'hui indispensable que pour accéder au top 10 des écoles de commerce et au top 20 des écoles d'ingénieurs). Les *fab lab* se multiplient grâce aux progrès formidables des imprimantes 3D et des outils de découpe laser ; des campus numériques émergent, comme à l'université européenne de Bretagne, qui fédère toutes les universités de la région. Des écosystèmes dynamiques se structurent afin qu'enseignement, recherche et entrepreneuriat se fertilisent, de Troyes à Saclay en passant par Grenoble. Des missions obligatoires à caractère humanitaire entrent dans les cursus afin d'épanouir l'empathie et l'intelligence émotionnelle des étudiants…

Le supérieur est donc prêt à aborder la révolution qui vient. Reste à en dessiner les contours économiques. À quelle vitesse les systèmes de correction automatisés qui permettent de traiter des milliers de copies (et plus seulement de simples QCM) s'imposeront-ils ? Quand écoles et universités renonceront-elles à leurs cours magistraux pour se convertir à l'utilisation de MOOC réellement intégrés aux cursus ? Quel impact sur l'image de la technologie aura le développement des imprimantes 3D ? Les établissements scolaires et d'enseignement supérieur sauront-ils, mieux que la presse par exemple, convertir rapidement leurs troupes aux formidables potentialités qu'offre le numérique – à commencer par le temps susceptible d'être libéré au profit d'activités de tutorat individualisé et d'expériences *in vivo* (stages, voyages, travaux en labo, projets académiques, professionnels ou associatifs, etc.) ?

Certaines de ces innovations prendront d'autant plus vite qu'elles ne font qu'actualiser et réinterpréter des modalités d'enseignement ou d'apprentissage parfois millénaires : Hérodote et Érasme pratiquaient la *learning expedition* ; un directeur de conscience n'a pas grand-chose à envier à un coach ; le *serio ludere* du

Quattrocento italien préfigure les *serious games* du XXIe siècle ; Célestin Freinet n'avait pas besoin de Twitter pour faire correspondre les élèves ; la *flipped classroom* (classe inversée) avec son « professeur-précepteur » n'est pas très éloignée du fonctionnement du lycée du XIXe siècle… Les termes ont changé, pas les grands ressorts de la pédagogie. Leur diffusion a toujours buté sur leur caractère extrêmement individualisé, contradictoire avec les enjeux de l'éducation de masse, mais le numérique va lever cet obstacle.

Si ces innovations tardent dans les établissements classiques, de nouveaux acteurs 100 % numériques (ceux qu'on appelle les *pure players*) s'imposeront dans le secteur de l'enseignement supérieur et le numérique leur permettra de proposer des formations de qualité à des tarifs aujourd'hui impensables. Ils commencent à émerger. S'ils font la preuve de leur capacité à insérer leurs étudiants dans la vie active, ils se passeront de toute autre forme de reconnaissance et d'accréditation, au moins au début – c'est exactement de cette façon que s'est développé l'enseignement supérieur privé dans les années 1970, époque où la question de l'emploi était le cadet des soucis des universités et où les écoles de commerce et d'ingénieurs étaient loin d'avoir tissé les liens qui les relient aujourd'hui au monde économique.

Ce ne serait pas la première fois qu'un secteur meurt de n'avoir su intégrer une innovation : faute de s'être convertis à la vapeur, les géants de la marine marchande à voile ont disparu en quelques dizaines d'années au profit de compagnies que l'on qualifierait aujourd'hui de *pure players*. Ces dernières n'avaient pas cherché, comme les entreprises traditionnelles, à mixer ancien et nouveau modèles et s'étaient immédiatement développées en faisant confiance au potentiel innovant de la propulsion au charbon. La différence entre le numérique et la marine à vapeur ou, dans un registre plus proche, l'imprimerie, tient à la rapidité foudroyante du changement (un smartphone contient plus de puissance de calcul que les ordinateurs embarqués à bord d'Apollo 11 pour atteindre la Lune en 1969) et à son caractère transgressif. « L'imprimerie a révolutionné la diffusion des savoirs mais pas leur construction, relèvent Joël Boissière, Simon Fau et Francesc Pedró. L'imprimerie n'a pas affecté les manières de lire alors que le numérique entraîne une lecture non linéaire. Avec le numérique les mécanismes traditionnels de transmission sont transgressés[1]. » Le rapport enseignant-élève, héritier de la relation maître-disciple, est attaqué en son cœur par la multiplication des sources de savoirs et par l'irruption des pairs comme coéducateurs voire comme parties prenantes de l'évaluation.

Logiquement, ces évolutions ne devraient pas laisser indifférent l'enseignement secondaire. Pourtant rarement l'écart entre la pédagogie et les qualités requises pour réussir au lycée général et dans l'enseignement supérieur a-t-il été aussi grand (en fait, la filière à laquelle le lycée prépare le mieux est… le lycée, à savoir les études en BTS et en classes préparatoires, qui sont majoritairement dispensées dans des lycées). Les filières

1. Joël Boissière, Simon Fau et Francesc Pedró, *Le Numérique : une chance pour l'école*, Armand Colin, 2013.

technologiques et professionnelles sont nettement plus innovantes, mais elles souffrent encore, au pays de Descartes et du lycée napoléonien, d'une image injustement dégradée et ne peuvent pas encore rivaliser, en termes d'attractivité, avec les filières générales. Si bien que c'est peut-être par le primaire que la révolution numérique pourrait entreprendre la conquête de l'enseignement scolaire. Le choix d'applis de qualité dédiées à l'apprentissage de la lecture, de l'écriture ou du calcul s'accroît chaque jour. Les ventes annuelles de tablettes ayant dépassé celles d'ordinateurs, l'anxiété des parents étant ce qu'elle est, on peut sans grand risque prédire une explosion de ce secteur.

Là non plus la question n'est pas de savoir si le numérique entrera ou non dans toutes les écoles mais avec quelle rapidité il le fera, ni de savoir si le secteur public et le privé sous contrat réagiront avant qu'une offre purement privée se structure en complément de l'école, comme en Corée du Sud ou au Japon, ou à sa place. Pour se faire une idée de la puissance exponentielle des innovations portées par le numérique, il faut bien comprendre que les enseignements diffusés par un seul site, celui de la Khan Academy[1], étaient suivis en 2013 par six millions de personnes par mois, soit, selon son fondateur, Salman Khan, « dix fois le nombre d'étudiants passés par Harvard depuis sa création en 1636[2] ».

Innovation portée par les acteurs dans le supérieur, poussée par les parents dans le primaire, un jour

---

1. www.khanacademy.org
2. Salman Khan, *L'Éducation réinventée*, Lattès, 2013.

imposée dans le secondaire par les jeunes qui finiront par en avoir assez d'une pédagogie de la soumission et de lycées-casernes hérités de la révolution industrielle si éloignés du monde dans lequel ils sont nés et grandissent, entreprises en quête de talents moins formatés, attentives au savoir-être (les *soft skills*) autant qu'aux savoirs… Ce n'est pas la première fois que l'éducation connaît pareille configuration.

Les années 1960 furent, sur ces sujets, effervescentes et la plupart des promesses du moment furent alors formulées : la nécessité de personnaliser l'enseignement tout en assurant la massification du système, alors submergé par les baby-boomers, était sur tous les agendas. On espérait casser l'ordre pédagogique ancien, assurer la progression des techniciens et cadres confrontés aux défis des Trente Glorieuses, prendre en compte l'émergence d'une culture « jeune » inédite et déjà porteuse d'une réinvention des rapports entre les générations. Ces ambitions se réalisèrent en partie, autour du point culminant de Mai 68. Mais elles butèrent sur l'impossibilité d'assumer humainement cette « industrialisation de l'individualisation », conduisant aux échecs du collège unique et de la démocratisation de l'université. Le numérique permet cette industrialisation de l'individualisation.

Cette révolution est enfin regardée avec espoir par les pays en développement et les ONG. Cinquante-sept millions d'enfants sont encore privés d'école, en dépit des efforts réels accomplis dans le cadre des Objectifs du millénaire pour le développement de l'Unesco, qui visaient à assurer la scolarisation de base de tous les enfants en 2015 – l'emploi de l'imparfait s'impose malheureusement car on sait que l'objectif ne sera pas atteint dans les délais. L'on voit néanmoins déjà des initiatives spectaculaires, telles que les Bridge International Academies au Kenya, qui permettent grâce au numérique de scolariser des milliers d'enfants pour des sommes défiant toute concurrence[1]. L'importance de cet enjeu au niveau mondial justifierait à elle seule un soutien massif des États au développement du numérique éducatif.

Partout dans le monde, l'école « à la papa », celle de l'enseignement frontal et du psittacisme, a vécu. Les enseignants, de plus en plus ouverts au numérique, le pressentent à défaut de le savoir. Collectivités et ici ou là autorités académiques aussi. Les géants mondiaux des technologies de l'information sont sur les rangs pour faire croître un marché de rêve : il est à la fois en expansion et, par nature, récurrent (une naissance = un futur client potentiel). Quant aux jeunes, principaux concernés par l'enjeu éducatif, ils sont les fers de lance de la révolution numérique et passent déjà plus de temps devant leurs écrans qu'à l'école (1 500 heures par an pour 900 à 1 200 heures de classe).

L'Éducation nationale et l'Université françaises le comprendront-elles à temps ? Si oui, nous n'aurons peut-être pas à aller chercher ailleurs le moteur de ce « redressement productif » auquel François Hollande a dédié un ministère. Si non, les conséquences ne se

---

1. Maryline Baumard, « Le cours est dans la machine », www.lemonde.fr, 25 octobre 2013. http://www.lemonde.fr/education/article/2013/10/25/le-cours-est-dans-la-machine_3502483_1473685.html

feront pas seulement sentir sur notre école. Elles affecteront gravement et durablement notre économie, notre avenir et celui de nos enfants.

1

Machines *versus* profs, la guerre des mondes

Contrairement au fantasme véhiculé avec complaisance par certains enseignants et intellectuels conservateurs par posture, principe ou ignorance, les tenants du numérique n'ont aucune intention de remplacer l'homme par la machine, de substituer les écrans aux enseignants. Comme me le faisait remarquer une institutrice : « L'expression *tableau blanc interactif* ne veut rien dire. C'est moi qui produis une interaction avec les élèves, pas le tableau. » Les tenants du numérique affirment en revanche que la machine remplit plus vite et mieux que l'homme certaines tâches et que ce dernier ferait bien de les lui déléguer afin de consacrer son intelligence à autre chose, comme à la résolution des problèmes qu'une machine ne sait pas résoudre.

Que fait la machine plus vite et mieux qu'un être humain ? Répéter sans se lasser ni s'énerver, repérer une erreur récurrente, corriger des exercices, mettre en réseau, mémoriser une série d'actions même si elles sont étalées dans le temps, offrir la même attention à une multitude d'usagers, dans une certaine mesure surveiller, mettre à disposition en temps réel une somme encyclopédique de savoirs, montrer (en 2D voire en 3D), fabriquer (également en 2D et en 3D), simuler... Autant de gestes accomplis quotidiennement par les enseignants.

Ce qu'elle ne sait pas faire – ou pas encore ? Donner des raisons d'apprendre, insuffler de l'envie, aider à se projeter dans un avenir individuel et collectif, construire du sens, identifier les blocages psycho-cognitifs complexes qui empêchent d'apprendre, tenir compte des humeurs, encourager autrement que par un système pavlovien de récompenses virtuelles et identifier les machines, logiciels ou applications qui seront le plus utiles à des élèves ou à des étudiants. Tout cela procède de l'humain et le principal ressort de motivation des élèves et des étudiants demeure la capacité de l'enseignant à susciter l'envie d'apprendre. Les machines offrent simplement aux enseignants de nouvelles façons de la libérer.

Robert A. Lue enseigne la biologie moléculaire et cellulaire à Harvard. Il pratique, comme nombre de ses collègues américains, la classe inversée (*flipped classroom*). La leçon est apprise à la maison ou en bibliothèque, à partir de documents mis à disposition par le professeur. Les séances de cours sont dédiées à l'approfondissement, aux exercices, à l'échange, à la résolution des problèmes rencontrés par les étudiants. Robert A. Lue situe cette réinvention du rapport enseignant-élève au cœur de la révolution actuelle – à le lire, elle est peut-être même *le* cœur de cette révolution[1]. Avant tout car la mise à disposition en ligne de matériaux riches et variés lui permet de gagner du temps pour « la discussion et l'analyse critique » du cours. Il écrit : « En d'autres termes, je peux passer plus de temps sur les concepts, qui sont la partie la plus excitante du cours pour mes étudiants. » Il espère que la classe inversée pourra apporter aux étudiants « une attention plus importante et plus efficace que jamais de la part des enseignants ».

Cette nouvelle utilisation des machines ne concerne pas seulement l'enseignement supérieur, qui accueille des étudiants censés être autonomes. Elle peut aussi amener l'enseignant à intervenir très différemment dès les apprentissages fondamentaux.

Une expérience menée en Inde par Sugata Mitra a fait le tour du monde des congrès dédiés à l'innovation pédagogique. Baptisée *Hole in the wall* (littéralement : le trou dans le mur), elle fut menée pour la première fois en 1999 dans un bidonville à Delhi. Sugata Mitra mit en libre accès un ordinateur encastré dans un mur. La fente qui permettait d'accéder au clavier et à la souris était trop étroite pour une main d'adulte. Aucun mode d'emploi n'accompagnait le dispositif : l'objectif était de savoir ce que les enfants parviendraient à apprendre sans l'intervention d'un adulte. Les résultats furent spectaculaires : en huit mois, des enfants âgés de 6 à 14 ans savaient aussi bien se servir d'un ordinateur et surfer sur

1. Robert A. Lue, « How Online Courses Can Improve Life On Campus », *Scientific American*, 7 août 2013. http://www.scientificamerican.com/article.cfm?id=how-online-courses-can-improve-campus-life

Internet que des enfants du même âge ayant suivi une formation délivrée par un adulte. Ils avaient pour cela inventé leur langage (« aiguille » pour « curseur » par exemple) et s'étaient spontanément entraidés. Mieux : les enfants impliqués dans l'expérience avaient parallèlement plus progressé que la moyenne en anglais et en mathématiques et leur comportement s'était amélioré (moins d'absentéisme).

L'expérience a été reproduite des dizaines de fois – Delhi compte une centaine de *holes in the walls* – dans le monde entier, aussi bien dans des pays pauvres qu'en Angleterre, et partout les effets furent les mêmes : coopération des enfants, apprentissage par imitation et échange de compétences.

La France, hormis quelques experts, ignore tout de ces expériences pourtant anciennes. En août 2013, c'était du moins encore le cas : une recherche Google sur « Sugata Mitra » n'aboutissait à quasiment aucun article en langue française). Et ce malgré le succès mondial du film *Slumdog Millionaire*, basé sur un roman (*Q & A*) lui-même inspiré de l'expérience menée par Sugata Mitra ! Ce dispositif s'inscrit plus largement dans les recherches que mène Mitra sur la *minimally invasive education*, qui consiste à s'appuyer au maximum sur le désir d'apprendre des enfants et à limiter les interventions des adultes autant que faire se peut. Salman Khan, inventeur de la Khan Academy, partage la même conviction, formulée de manière naïvement ironique : « Les élèves ne sont pas naturellement passifs[1] ! »

1. Salman Khan, *L'Éducation réinventée*, *op. cit.*

Pour autant, et contrairement à un autre fantasme, ces dispositifs ne renvoient pas l'enseignant à une simple fonction de répétiteur ou de coach – les plus rétifs se voient même en préposés à la garderie – que tout étudiant raisonnablement patient et à peine formé pourrait remplir. Pour aider un enfant à apprendre, y compris en intervenant *a minima*, il faudra toujours maîtriser non seulement les savoirs concernés mais aussi la façon dont ces savoirs s'acquièrent. Il ne suffira plus d'être soi-même formé à la discipline concernée, il faudra être formé aux mécanismes d'apprentissage de cette discipline. Les enseignants resteront des professionnels de l'enseignement, mais devront aussi devenir des professionnels de l'apprentissage. On leur en demandera plus, pas moins. C'est également ce que montre l'expérience de la Khan Academy (voir chapitre suivant).

Nous ne sommes pas prêts à ces évolutions, loin s'en faut, et nous ne le serons pas tant que nous n'aurons pas vaincu quatre obstacles. Ces derniers touchent à la conception des programmes, au recrutement des enseignants et à leur formation initiale et continue.

Premier obstacle : les programmes. Ils sont, notamment au collège et au lycée, lourds, confus et illisibles. Rien qu'au collège s'entremêlent trois sources officielles, trois sources officieuses et un juge de paix. Les officielles : la loi (rien que ça) instaurant l'obligation pour les élèves de maîtriser un « socle commun de connaissances et de compétences » ; les programmes eux-mêmes, qui traduisent sans les recouper complètement les préceptes de ce socle ; les documents d'accompagnement, sorte d'exégèse officielle indiquant aux enseignants comment faire coller la lettre des programmes et leur esprit. Les sources officieuses : les manuels scolaires – outils de travail des enseignants – qui eux-mêmes proposent une interprétation des trois sources officielles ; le consensus régnant dans la salle des professeurs de chaque établissement sur ce qui est, dans les faits, réellement exigible des élèves ; le consensus qui se dégage via les réseaux professionnels sur la même question, discipline par discipline. Le juge de paix ? Les diplômes nationaux, comme le brevet des collèges et le baccalauréat, qui sont censés être délivrés aux élèves maîtrisant le programme et qui, heureusement pour eux, ne le sont pas, sans quoi le taux d'échec serait massif tant le décalage est énorme entre les exigences théoriques de ces programmes et la réalité de ce que des adolescents peuvent en comprendre et en retenir. Ce décalage est connu de tous. Il perdurera tant que l'Éducation nationale fera passer le savoir avant l'élève et refusera de mettre au cœur la notion d'apprentissage – ce que savent les élèves, l'acquisition des connaissances.

Insistons : ce biais est parfaitement connu. Les études comparatives internationales comme Pisa, qui mesurent les acquis des élèves, nous le rappellent régulièrement : la France se singularise par une surreprésentation d'élèves aux deux extrémités de l'échelle. Nous avons en moyenne plus de « très bons » (ceux qui profitent pleinement du modèle dominant, méritocratique et élitiste) et beaucoup plus de « très mauvais ». Cette situation se perpétuera tant que le système continuera de définir ses exigences en fonction d'élèves idéalisés qui ne représentent que 10 % des jeunes scolarisés.

Deuxième obstacle : les modalités de recrutement des enseignants, notamment dans le secondaire. Elles continuent de faire la part belle aux savoirs académiques, ce qui, en soi, n'a rien de critiquable. Mais au détriment des savoirs pratiques. Dit autrement : on se soucie de ce que les enseignants savent et non de leur capacité à transmettre leurs savoirs. Les progrès formidables accomplis depuis vingt ans par les sciences cognitives n'ont ainsi guère droit de cité pendant la formation ni, surtout, lors des concours. Vous pouvez devenir professeur en ignorant tout des effets du contexte sur l'efficacité des apprentissages, sur les raisons pour lesquelles, à partir d'une consigne identique, les garçons réussissent mieux quand l'exercice est présenté comme relevant de la géométrie alors que les filles réussissent mieux si on leur dit qu'il s'agit d'un exercice de dessin – la littérature scientifique fourmille d'exemples de ce genre, étayés par de robustes dispositifs expérimentaux aujourd'hui documentés au niveau international. On peut enseigner avec de simples connaissances ; on apprend avec son cerveau, son corps, ses affects, son vécu.

Les troisième et quatrième obstacles – la formation initiale et la formation continue – s'articulent avec le précédent. Dès lors que rien n'oblige, pour les besoins des concours, à se former dans les domaines pratiques, rien d'étonnant à ce qu'ils soient absents de la formation ou, lorsqu'ils sont proposés, que les enseignants et futurs enseignants n'y attachent pas vraiment d'importance. Ajoutons que la formation initiale est d'une durée largement inférieure aux standards internationaux des pays les plus performants et que la formation continue est, quant à elle, totalement sinistrée. Vous confiez vos enfants à des enseignants qui, sauf s'ils en ont effectué la démarche de manière individuelle et volontaire, ignorent tout des apports de la recherche en éducation depuis qu'ils ont commencé à enseigner.

La formation continue constitue pourtant le cœur de toute réforme, et pour cela il ne suffira pas de marteler dans les discours que le numérique est important, comme le montre notamment une étude réalisée en Suisse sur l'évolution de l'attitude des enseignants face aux technologies de l'information et de la communication (« Essayer de convaincre les enseignants en leur *vendant* les bienfaits des technologies ne suffit pas, leur présenter des modèles ou des bonnes pratiques à suivre est probablement insuffisant[1] »). Une étude québécoise le confirme : malgré l'implantation de milliers de tableaux blancs interactifs, « le modèle du *cours magistral* est encore celui qui prédomine[2] ». À ce compte, la déception l'emporte largement et les enseignants comme les élèves ne retiennent de l'expérience que les problèmes de pannes ou de fusibles qui sautent… Là encore, le manque de formation est responsable. Michel Guillou, spécialiste du numérique éducatif, en a dénoncé les effets sur les attitudes des enseignants dans un article férocement ironique intitulé

1. Pierre-François Coen et Jeanne Rey, « Évolutions des attitudes motivationnelles des enseignants pour l'intégration des technologies de l'information et de la communication », 2013, www.formation-profession.org. http://formation-profession.org/fr/files/numeros/2/v20_n02_177.pdf

2. Lisa-Marie Gervais, « Bilan noir pour le tableau blanc dans les écoles », www.ledevoir.com, 22 août 2013. http://m.ledevoir.com/societe/education/385701/bilan-noir-pour-le-tableau-blanc-dans-les-ecoles

« Profs débutants : 10 bonnes raisons d'échapper au numérique ». Il écrit : « Vous avez parfaitement compris que fournir des terminaux numériques aux élèves conduisait inéluctablement à la contestation de votre enseignement. Vous avez compris ce qu'ils font de ça : ils lisent, ils cherchent, ils recoupent les informations, ils critiquent votre message magistral, ils contestent donc votre autorité et vous font descendre de votre estrade[1]… »

Dans un tel paysage, l'innovation éducative, qu'elle soit numérique ou non, ne peut que rester confinée à une marge de pionniers et défricheurs.

Le plus surprenant de tout est que l'Éducation nationale avance si lentement en ce domaine alors que les enseignants semblent ouverts à ces évolutions. Même la Société des agrégés, réputée temple du conservatisme, a consacré un numéro de sa revue au numérique. Le Café pédagogique, site Internet communautaire créé par des enseignants autour de François Jarraud, lui-même professeur à l'époque (il est aujourd'hui journaliste), affiche des centaines de milliers de visites mensuelles et organise avec Microsoft un tour de France de l'innovation qui fait la part belle au numérique. Les réseaux d'enseignants sur Facebook et surtout sur Twitter sont denses et animés, comme en témoignent également la vigueur et la richesse de la plateforme EducaVox[2]. Certaines plates-formes disciplinaires

1. Michel Guillou, « Profs débutants : 10 bonnes raisons d'échapper au numérique », www.educavox.fr, 8 septembre 2013. http://www.educavox.fr/actualite/debats/article/profs-debutants-10-bonnes-raisons?utm_source=buffer&utm_campaign=Buffer&utm_content=buffera243b&utm_medium=twitter

2. www.educavox.fr

dédiées au français (WebLettres), aux mathématiques (Sesamath) ou à l'histoire (Clionautes) créent, en marge de l'institution, des contenus pédagogiques extrêmement riches qui ont déjà intéressé les éditeurs scolaires – lesquels craignent comme la peste l'irruption du numérique et sa promesse de diffusion universelle et surtout gratuite des savoirs. Les événements dédiés au numérique éducatif se multiplient et font le plein. Il existe même depuis 2009 un World Innovation Summit for Education (Wise), organisé à Doha (Qatar) par la Qatar Foundation, en partenariat avec l'Unesco ; il réunit plus de mille acteurs de l'innovation éducative venus du monde entier. À défaut d'adhésion massive, la curiosité est là.

L'intérêt économique aussi. L'éducation est avant tout une industrie de main-d'œuvre. 95 % du budget de l'Éducation nationale passe en salaires ! La situation est la même dans le supérieur, y compris dans le privé. HEC, entraînant à sa suite les meilleures écoles de management françaises, s'est lancée dans une course au recrutement des meilleurs professeurs mondiaux qui explique pour une large part l'augmentation de 70 % des droits d'inscription de l'école entre 2006 et 2012 (il faut actuellement compter 13 000 euros par an).

Or, et nous allons voir comment, l'un des apports majeurs du numérique, notamment sous la forme des MOOC, est de permettre des économies significatives sur ce poste de dépense. Là où vous devez aujourd'hui payer chaque année des enseignants pour délivrer des cours magistraux à des amphis de quelques centaines d'étudiants, vous pourrez demain, pour le même prix, délivrer ces cours à un nombre potentiellement infini d'étudiants. Le coût de production de la matière première va chuter. Il en va de même pour une autre tâche chronophage : la correction et l'évaluation. Le privé se passionne déjà pour ces possibilités d'accroître ses marges dans une activité – l'enseignement – réputée peu profitable. Laureate Education, un des plus grands groupes mondiaux, qui possède en France plusieurs écoles (ECE, EBS, ESCE et IFG), vient d'investir plusieurs millions de dollars dans la plate-forme Coursera, l'un des acteurs majeurs des MOOC.

Mais une fois encore cette révolution ne se fera pas au détriment de l'humain et du présentiel, dont la qualité, aussi bien en termes d'enseignement que de conditions d'études, deviendra même encore plus stratégique. Cela pourra aussi permettre aux écoles de délocaliser plus facilement leur enseignement ou, selon le point de vue, de le relocaliser au plus près de leurs clients. Si vous n'avez plus besoin demain d'amener tous vos étudiants au même endroit pour suivre le cours de tel professeur, vous pouvez aisément ouvrir des antennes locales offrant une qualité de vie supérieure et des coûts indirects inférieurs pour les familles (logement, transports, etc.).

La montée des fonds d'investissement privés dans le supérieur devrait porter ce mouvement. Gérées comme des entreprises classiques, les écoles qui leur appartiennent ne manqueront pas l'occasion de générer plus d'activité et/ou plus de marge. Le marché semble mûr. Le privé a absorbé 80 % de l'augmentation du nombre d'étudiants au cours des dix années écoulées et les familles modestes sont aujourd'hui prêtes à payer, comme le souligne Catherine Paradeise, sociologue, professeur à l'université Paris-Est Marne-la-Vallée : « Il y a une vraie demande des familles, notamment modestes, pour qui le fait de payer est gage de qualité et de rigueur de la formation, comme pour les étudiants, si la promesse d'avoir, à la sortie, un meilleur job, plus intéressant et mieux rétribué, est tenue[1]. »

Tout est donc en place pour un changement rapide et radical. Mais la majorité des enseignants regarde encore le numérique comme la plupart des gens regardaient l'ordinateur personnel dans les années 1970. Jusqu'alors, les ordinateurs servaient surtout, dans les entreprises, à gérer les paies et la comptabilité. Allait-on s'encombrer d'une telle machine à la maison ? Pour gérer deux salaires au maximum et une dizaine de postes de dépense ? Bien peu imaginaient quelles fonctions allait remplir l'ordinateur personnel au quotidien. Aujourd'hui, il est dans toutes les familles et les jeunes lui consacrent plus de temps qu'à leur ex-loisir favori – la télévision.

Ce n'est pas la seule fois qu'une innovation trouve des usages différents voire éloignés de sa fonction originelle. Le botox avait été inventé pour résoudre les problèmes de strabisme en suppléant la faiblesse de quelques muscles situés au pourtour des paupières. Il a fait la fortune de ses inventeurs pour de tout autres raisons… Et que dire de l'Internet lui-même, conçu à la fin des années 1960 sous l'égide d'une agence de l'armée américaine afin de garantir la continuité des communications militaires même si l'un des nœuds du réseau

1. *Le Monde*, 25 juin 2013.

était détruit ? Passée dans le domaine civil, puis généralisée grâce à l'irruption vingt ans plus tard du World Wide Web, cette invention qui était un pur produit de la guerre froide a bouleversé la vie quotidienne de milliards d'êtres humains.

Il en ira probablement de même en matière éducative. La « révolution » numérique changera les mœurs plus lentement que ne l'imaginent ses défenseurs – il faudra, pour cela, vaincre bien des réticences, lever bien des hypothèques, faire bien de la pédagogie… Mais on se réveillera un jour pour constater que rien ne sera plus jamais comme avant. Et ce jour, s'il est plus lointain que ne l'imaginent les promoteurs du numérique éducatif, est très certainement beaucoup plus proche que ne le conçoivent parents et enseignants. Il n'y a qu'à voir à quelle vitesse une nouveauté est en train de faire bouger les lignes : les MOOC.

2

MOOC story

MOOC. Massive Open Online Course. Cours ouvert (gratuit) accessible via Internet par un nombre illimité de personnes. Le principe : vous vous inscrivez à un cours, vous le suivez en vidéo sur le web, vous passez au fur et à mesure des évaluations plus ou moins élaborées permettant de vérifier que vous avez compris le cours, éventuellement vous recevez une forme de certification (un « badge ») prouvant que vous avez suivi et compris le cours. Dans quelques cas, encore rares, vous pouvez faire valoir cette certification auprès de votre école ou de votre université et elle sera prise en compte dans l'obtention de votre diplôme. Les MOOC sont diffusés sur les sites des établissements ou sur des plates-formes qui accueillent des centaines de cours et s'apparentent à de véritables universités virtuelles : Coursera, Udacity, edX aux États-Unis, France université numérique (FUN) en France.

En tant que forme pédagogique, le MOOC ne révolutionne rien. Via son projet « OpenCourseWare », le

MIT de Harvard a mis en ligne ses cours dès 2001 sans rien changer : nous sommes pour la plupart incapables de comprendre ces enseignements et presque personne n'a *intérêt* à les suivre, ils ne rapportent rien.

C'est ce qui est en train de changer. Parce que les MOOC sont dorénavant délivrés en vidéo, donc sous une forme nettement plus attractive que les polycopiés d'antan mis en ligne par le MIT dans les années 1990 – et encore, on est probablement très loin de ce qui sera proposé dans quelques mois. Pour les experts, la façon de concevoir un MOOC aujourd'hui s'apparente à celle de tourner des films lors de l'invention du cinéma (caméra fixe, reprise des codes du théâtre, etc.). Le changement tient aussi au fait que ces cours sont assortis de ressources complémentaires extrêmement riches – liens vers d'autres cours, vers des textes de référence, etc. Parce qu'à chaque étape du cours une série d'exercices est proposée, afin de vérifier que vous avez acquis les notions présentées – on ne laisse pas s'installer ces petites lacunes qui, mises bout à bout, finissent par bloquer les apprentissages[1]. Parce que la communauté des étudiants est désormais reliée et peut s'entraider, en temps réel, ce qui permet de limiter le décrochage et de gagner un temps d'encadrement ou de tutorat considérable.

Deux obstacles restent néanmoins à lever pour que ces MOOC révolutionnent l'accès au savoir.

1. Matthieu Cisel, « MOOC, de la conception aux enjeux sociétaux », www.blog.educpros.fr, 23 août 2013. http://blog.educpros.fr/matthieu-cisel/2013/08/23/mooc-de-la-conception-aux-enjeux-societaux-une-reflexion-a-construire-collectivement/

Le premier touche à l'évaluation des acquis. Pour que la validation des MOOC soit aussi massive que les cours eux-mêmes, il faut déployer des modalités d'évaluation alternatives. Or si une machine corrige aussi bien et beaucoup plus vite qu'un être humain des exercices sous forme de QCM, elle échoue encore à corriger des travaux plus complexes – une dissertation par exemple. Cet obstacle est en train d'être levé. Des logiciels développés aux États-Unis permettent déjà de corriger massivement ce type de travaux. C'est le cas du logiciel installé sur la plate-forme de MOOC edX (plate-forme publique, contrairement à Coursera et Udacity). Une centaine de copies doivent préalablement être corrigées par un enseignant en chair et en os. Puis l'intelligence artificielle prend le relais et le logiciel est capable de « reproduire » une correction de qualité équivalente, de manière quasi instantanée. Si l'étudiant n'est pas satisfait de son évaluation, il peut demander une nouvelle correction.

Ce système a évidemment ses détracteurs, y compris aux États-Unis, mais dans quelques années, quelques mois peut-être, il pourrait être au point. Seules les résistances culturelles retarderont alors sa diffusion – il va falloir admettre qu'une machine peut réaliser de manière autonome un travail qui requiert, de l'avis commun, une intervention humaine. On notera que, de manière assez cocasse, le débat qui accompagnera l'arrivée de cette technologie risque d'être homérique, alors même que nous sommes des millions à confier notre vie, chaque jour, à des systèmes automatisés comme ceux qui pilotent trains, métros ou avions, dont d'éventuelles failles sont autrement plus fatales qu'une erreur de correction de copie…

Le second obstacle touche au risque de triche. Comment prouver que vous êtes l'auteur de la dissertation exigée pour valider un cours, que c'est bien vous qui avez rempli le QCM demandé ? La réponse, là aussi, est en train d'émerger, sous l'appellation *signature track* – qu'on pourrait traduire par « suivi » ou « certification » de l'identité. Pour l'instant, cette certification repose essentiellement sur votre sincérité, à partir d'une déclaration sur l'honneur. Mais Coursera, un des leaders mondiaux des MOOC, travaille sur des systèmes d'identification beaucoup plus robustes, notamment biométriques, via les webcams installées sur les ordinateurs, ou reliés à la façon de taper sur un clavier (elle nous est aussi personnelle que nos empreintes digitales). Là non plus, l'obstacle n'est pas encore surmonté mais il le sera très vite. Coursera et les autres plates-formes (edX, Udacity, etc.) seront en mesure de certifier que vous avez suivi un cours et, surtout, que vous l'avez compris.

C'est sur cette certification que repose probablement leur modèle économique.

Résumons. Les cours, délivrés par des enseignants et des chercheurs dans le monde entier, sont mis en ligne gratuitement. Vous voulez valider un de ces cours, pour les besoins d'un diplôme ou en formation continue ? Vous devez payer pour le *signature track* (actuellement 89 dollars par cours). Vous pouvez prouver à la Terre entière (mais surtout à votre école, votre université, votre employeur...) que vous maîtrisez tel savoir.

Vous êtes une entreprise. Vous cherchez à identifier les personnes qui combinent un certain nombre de compétences et les ont validées sur des plates-formes de

MOOC ? Coursera et les autres plongeront dans leurs données et vous vendront le résultat de leur recherche (ce qu'on appelle le *talent sourcing* dans le domaine du recrutement).

Vous êtes une école de commerce ou d'ingénieurs ? Vous voulez créer un enseignement nouveau mais n'avez pas les moyens d'engager un enseignant supplémentaire ? Si cet enseignement existe sous forme de MOOC, demandez à vos étudiants de le valider de cette façon. Au besoin, embauchez, pour moins cher, un étudiant en doctorat pour assurer le rôle de tuteur auprès de ceux de vos étudiants qui peineraient à suivre le cours en ligne. Vous voulez attirer de nouveaux étudiants-clients en faisant valoir votre excellence ? Mettez en ligne, sous forme de MOOC, les cours de vos plus brillants professeurs.

Vous voulez créer une classe préparatoire privée *low cost* ? Mettez la main sur une poignée d'excellents enseignants (qui, selon toute probabilité, viendront du public). Faites-leur enregistrer en vidéo tous les cours permettant de préparer tel ou tel concours de grande école. Prévoyez évidemment les modalités d'évaluation idoines. Vous pouvez même planifier des sessions d'enseignement présentiel qui s'apparenteront là aussi à du tutorat en petits groupes, voire en individuel. Vous venez de réinventer ce qui faisait la force du lycée à la fin du XIXe siècle : peu d'heures de cours, beaucoup de travail personnel et des enseignants exerçant quasiment comme des précepteurs. La force de votre prépa ? Si elle fonctionne, elle pourra accueillir autant d'élèves que la puissance de votre serveur informatique le permettra, sans faire exploser vos coûts : les cours sont en ligne, les correcteurs automatiques ont été programmés ; vous devrez probablement investir en « répétiteurs » ou en « coachs » pour aider vos élèves, pour les préparer aux oraux, vous aurez peut-être même l'idée d'embaucher un psychologue, un sophrologue ou un nutritionniste pour les aider à optimiser leur préparation aux concours.

Science-fiction ? Non.

Plusieurs écoles de commerce ont déjà fait entrer les MOOC dans leurs cursus, notamment Grenoble École de Management. HEC et Polytechnique sont présentes sur Coursera. Depuis la rentrée 2013, pas une semaine ne passe sans qu'un établissement français annonce le lancement d'un MOOC. Aux États-Unis, l'État de Californie a voté une loi imposant aux établissements d'accepter les certificats permettant de valider des cours suivis via certaines plates-formes de MOOC, dès lors que ces cours n'étaient pas accessibles en présentiel, et les États-Unis, de Stanford et Berkeley à Yale et Harvard, se préparent à un tsunami. L'American Council on Education a en effet déjà permis à plusieurs MOOC délivrés par Coursera d'être validés comme crédits universitaires.

Aux États-Unis, ce n'est pas seulement un modèle pédagogique qui se réinvente, c'est tout un modèle économique qui vacille. Ces cours, rappelons-le, sont gratuits et leur validation ne coûte que 89 dollars, à peine un pourboire à l'aune des frais de scolarité d'une université américaine, même publique. Il faudra donc justifier autrement du montant de ces frais, voire les diminuer, ce qui signifie que les établissements n'ayant pas assez investi en équipements périacadémiques – bibliothèques, stades, logements, etc. – vont souffrir. Dans une note publiée sur le site de *La Tribune*[1], l'universitaire Mehdi Lazar, qui enseigne à Los Angeles, mentionne cette prophétie publiée par *University World News* : « Dans une cinquantaine d'années, la moitié des établissements d'enseignement supérieur des États-Unis aura disparu en raison de cette révolution technologique qui paraît sur bien des points semblable à l'invention de l'imprimerie ». *Les Échos* reprennent de leur côté l'expression de Matthieu Cisel, expert français des MOOC[2], qui parle d'un nouveau « grand Monopoly mondial de l'éducation ».

Le mouvement semble irrémédiable. Certaines évaluations montrent en effet un accroissement des performances des élèves de près de 50 % grâce au *blended learning* (l'apprentissage « mixte » – numérique et présentiel) ! Plus modestement mais significativement, la Rand Corporation avance que les classes bénéficiant du *blended learning* obtiennent 58 % de réussite contre 50 % pour les autres, sur la base d'une étude menée sur un enseignement en algèbre délivré dans 147 collèges répartis entre sept États[3]. En Inde, une étude menée sur

1. Mehdi Lazar, « Ce que l'engouement pour les MOOC aux États-Unis nous dit pour l'université en France », www.latribune.fr, 6 mai 2013. http://www.latribune.fr/blogs/la-tribune-des-expats/20130506trib000763301/ce-que-l-engouement-pour-les-mooc-aux-etats-unis-nous-dit-pour-l-universite-en-france.html

2. Matthieu Cisel, « MOOC : rendez-vous à la rentrée prochaine », *Les Échos*, 8 juin 2013.

3. « DOE/RAND Study confirms algebra learning doubles », carnegie learning.isebox.net. http://carnegielearning.isebox.net/algebra-effectiveness/study/

un dispositif d'enseignement des mathématiques assisté par ordinateur dans des classes de CE2 et CM1 a montré non seulement l'efficacité du dispositif, mais également que ce dispositif profitait à tous les élèves, les faibles comme les forts. Cette réussite était imputée au fait que « chaque enfant peut adopter son propre rythme[1] ».

D'autres chercheurs émettent un jugement plus mitigé, qui s'explique aussi par la nécessité de concevoir des évaluations différentes, comme le suggère Marcel Lebrun : « Si on veut évaluer l'impact des technologies, il faut arrêter d'évaluer les savoirs des étudiants mais voir les compétences, les aptitudes qu'ils acquièrent. Et donc faire des dispositifs d'apprentissage vraiment nouveaux, avec des travaux de groupe[2]... » Même analyse sous les plumes de Joël Boissière, Simon Fau et Francesc Pedró : « Une des principales raisons expliquant la relativement faible adoption du numérique à l'école tient à la difficulté de l'intégrer de façon cohérente aux modèles et aux méthodes d'enseignement traditionnels [...]. La question de sa non-prise en compte dans l'évaluation des élèves ou dans le recrutement des enseignants est probablement aussi un facteur important[3]. »

1. Étude citée dans Joël Boissière, Simon Fau et Francesc Pedró, *Le Numérique : une chance pour l'école*, *op. cit.*

2. Fabienne Guimont, « Journées du e-learning: pour Marcel Lebrun, "Une bonne e-pédagogie est d'abord une bonne pédagogie" », www.letudiant.fr, 25 juin 2010. http://www.letudiant.fr/educpros/actualite/journees-du-e-learning-pour-marcel-lebrun-une-bonne-e-pedagogie-est-dabord-une-bonne-ped.html

3. Joël Boissière, Simon Fau et Francesc Pedró, *Le Numérique : une chance pour l'école*, *op. cit.*

Malgré ces réserves, les pionniers ne remettent pas en question la pertinence de l'expérience. L'université d'Édimbourg a été parmi les premières à diffuser des MOOC via Coursera[1]. 308 000 étudiants se sont inscrits. Seuls 12 % ont réussi les évaluations finales. Mais cela signifie que plus de 30 000 étudiants ont validé leurs MOOC – soit les effectifs d'une grosse université française. Parmi les regrets : une interactivité encore insuffisante avec les professeurs – il y en avait là un pour huit mille – en partie compensée par le développement spontané d'un « esprit de communauté » entre étudiants (systèmes d'entraide via Facebook, par exemple).

La moins bonne nouvelle aura été pour les enseignants pionniers : leur volume de travail est passé du simple au double (préparation et suivi des modules), ce qui douchera les espoirs de ceux qui pensent pouvoir délivrer du MOOC *low cost*. Le président de l'université de Georgetown évalue à 100 000 dollars le coût de production d'un MOOC. Le Français Rémi Bachelet, de Centrale Lille, qui est à l'origine du premier MOOC certifiant français, annonce de son côté « dix heures de travail pour mettre en ligne une heure de cours ». Où l'on revient, immuablement, aux mêmes conclusions : il faut investir dans la formation initiale et surtout continue des enseignants et encourager les meilleurs d'entre eux. Si le secteur public persiste à les traiter sur un pied d'égalité quels que soient leurs compétences et leur

1. Olivier de Montalembert, « MOOC : premiers retours sur expérience d'une université britannique », www.bulletins-electroniques.com, 28 mai 2013. http://www.bulletins-electroniques.com/actualites/73110.htm

engagement pédagogique, gageons que le privé, notamment dans le supérieur, n'aura pas de telles pudeurs.

Il faut agir vite. L'importance des investissements requis attise en effet les craintes d'une uniformisation de l'offre. Si seules les universités les plus riches – ne cherchez pas, elles sont américaines (le capital de Harvard dépasse les 35 milliards de dollars) – peuvent investir pour produire des MOOC de qualité, elles risquent de saturer le marché mondial. Isabelle Barth, qui dirige l'École de Management de Strasbourg, pointe ce risque[1] : « Le cadre à adopter semble être définitivement anglo-saxon, avec une approche modulaire et une culture des objectifs et des indicateurs très éloignée de la vision française de la pédagogie, construite sur l'intention. La globalisation de l'enseignement et la prégnance d'une vision anglo-saxonne, bien amorcée par les débats sur les accréditations, apparaissent désormais de façon évidente. » Lors de l'édition 2013 du Wise de Doha, plusieurs responsables africains se sont faits l'écho de cette même inquiétude, craignant l'avènement, via les MOOC, d'une forme de néocolonialisme linguistique et conceptuel.

Raison de plus pour réagir vite et fort et, plutôt que de craindre l'introduction de quelques cours en anglais dans nos grandes écoles et universités, d'investir massivement dans une offre francophone de haut niveau. Il est encore temps, selon Frank Pacard, alors directeur général adjoint de l'enseignement et de la recherche de

1. Isabelle Barth, « Faut-il avoir peur des grands méchants MOOCs ? », www.blog.educpros.fr, 25 juin 2013. http://blog.educpros.fr/isabelle-barth

l'École polytechnique : « le train est en marche ; il ne va pas trop vite et on peut encore monter dedans[1]. » Mais ne perdons pas de temps, conjure Isabelle Barth : « Le consommateur va toujours plus vite que l'offreur [...]. Si des apprenants en devenir du monde entier adoptent les MOOC, il faudra faire avec. Et si possible vite, pour pouvoir encore participer au façonnage du phénomène[2]. »

L'urgence est d'autant plus absolue que l'obstacle culturel à la diffusion des MOOC est nettement moindre outre-Atlantique : l'enseignement universitaire y est déjà en partie organisé selon le modèle de la « classe inversée » : on apprend chez soi, on vérifie qu'on a compris voire on fait les devoirs en classe, avec les professeurs. Le MOOC, dans ce contexte, n'est qu'une façon de prolonger la logique dominante puisqu'il n'est pas une machine de guerre contre l'enseignement présentiel, pas plus qu'il ne vise à minorer le statut des enseignants-chercheurs. Il en modifie en revanche le rôle, les invitant à se concentrer sur leurs recherches (pour produire des contenus de qualité et distinctifs) et sur leur rôle de tuteur.

Le MOOC pourrait aussi créer une forme de « starisation » des enseignants les plus suivis. On parle déjà de tournées mondiales d'enseignants pour accompagner la diffusion de leurs cours et offrir aux étudiants

1. Frank Pacard, « MOOC : rendez-vous à la rentrée prochaine », *Les Échos*, 8 juin 2013. http://www.lesechos.fr/08/06/2013/lesechos.fr/0202814090211_mooc---rendez-vous-a-la-rentree-prochaine.htm

2. Isabelle Barth, « Faut-il avoir peur des grands méchants MOOCs ? », art. cit.

un contact *In Real Life* (IRL – dans la vie réelle). Sans aller jusque-là, les MOOC vont ouvrir la boîte noire et permettre aux étudiants de voir et savoir à l'avance si tel enseignant leur semble « bon ». « Le cours n'est plus un *colloque singulier* entre le professeur et ses élèves derrière la porte de la classe, il s'expose aux yeux du monde[1] », écrit Isabelle Barth. Avec tous les risques que cela comporte – la recherche en éducation a montré depuis longtemps que certains enseignants très habiles à faire le spectacle emportent une adhésion qui ne correspond pas à la valeur réelle de leur enseignement. Il faudra donc – et les universitaires le savent – que les évaluations par la communauté savante continuent à l'emporter sur les évaluations par la communauté d'étudiants « consommateurs ».

Les universités seront donc fortement impactées, même si les MOOC ont été inventés par des universitaires qui n'ont aucune envie de tuer l'*alma mater*. Dans leur esprit, le développement des MOOC est même une bonne affaire pour les universités : en diffusant gratuitement les savoirs qu'elles produisent, elles augmentent leur prestige et sont susceptibles d'attirer des étudiants, des enseignants et des chercheurs du monde entier, de préférence les meilleurs. Mais ce moteur – la compétition universitaire mondiale – vaut pour les États-Unis. Même dans les universités publiques, les études coûtent cher. Encore plus dans le privé – comptez 200 000 dollars pour une scolarité complète à Stanford. C'est aussi la raison pour laquelle le développement des MOOC

1. *Ibid.*

est vécu comme une chance : si la diffusion des savoirs académiques mobilise moins d'enseignants et de mètres carrés, les universités pourront se concentrer sur tout ce qui touche à l'expérience universitaire : tutorat, travaux pratiques, labos de recherche, vie associative, imprimantes 3D, logement, activités culturelles et sportives, relations avec les entreprises, animation des réseaux d'anciens, etc. Tout cela est à mille lieues de la culture universitaire française, qui se soucie encore peu de la vie quotidienne des étudiants, de leur confort, de leur épanouissement, ou qui, lorsqu'elle s'en soucie, doit rattraper tant de retards accumulés que le résultat est rarement à la hauteur des ambitions.

Cela peut avoir des conséquences collatérales extrêmement néfastes sur la qualité des enseignements. Quand un enseignant-chercheur venu d'une université anglo-saxonne d'excellence envisage de défendre un accord de double diplôme avec un établissement français, il ne jauge pas seulement son niveau d'enseignement mais aussi les conditions de travail offertes aux professeurs et aux étudiants. Si elles sont trop déséquilibrées par rapport à ce qui est offert chez lui, l'accord ne se fait pas, quand bien même l'offre académique est de niveau équivalent.

La vague MOOC, née dans le supérieur, n'épargnera pas l'enseignement scolaire. L'une des *success stories* les plus significatives du moment, celle de la Khan Academy, concerne les apprentissages de base (il en existe une version française, traduite grâce à Bibliothèques sans frontières qui offrait déjà, en septembre 2013, 250 vidéos). À l'origine, un homme, Salman Khan. Né aux

États-Unis d'un père originaire du Bangladesh et d'une mère d'origine indienne, il a suivi le parcours du rêve américain : études brillantes couronnées par un diplôme en mathématiques du prestigieux MIT. Il travaille pour un fonds d'investissement quand il croise en 2004 une de ses cousines, Nadia, lors d'un mariage. Cette dernière, jusque-là brillante élève, vient d'échouer à un contrôle de mathématiques, ce dont s'étonne Salman qui la tient pour une jeune fille intellectuellement très vive. La suite de l'histoire est en passe de devenir aussi célèbre dans la Silicon Valley que celle du garage de Cupertino dans lequel les deux Steve (Jobs et Wozniak) inventèrent le premier ordinateur Apple[1]. Salman Khan décide d'aider sa cousine. Pour cela, il cherche une autre façon d'expliquer – « Je ne voulais pas qu'elle apprenne par cœur et surtout qu'elle compartimente ses idées. » Il commence par des cours particuliers par téléphone (Nadia étudie à La Nouvelle-Orléans, Salman travaille à Boston), puis passe à Skype.

Le succès est au rendez-vous mais Khan le juge insuffisant : par la force des choses, le rythme de l'apprentissage dans ce contexte est fixé par l'enseignant et l'interaction sociale entre élève et professeur crée une tension qui détourne de l'objet de l'apprentissage. Un de ses amis lui suggère d'enregistrer ses cours en vidéo et de les poster sur YouTube. La Khan Academy est née (ou presque : j'invite ceux qui veulent connaître cette histoire passionnante et non sans rebondissements à lire

1. Elle est rapportée en détails par Salman Khan lui-même dans son livre, *L'Éducation réinventée*, *op. cit.*

le livre de Khan). Financée par des dons, cette organisation à but non lucratif est en train de bouleverser l'enseignement des fondamentaux là où elle peut être mise en œuvre – le conservatisme pédagogique n'est pas une spécificité française. Un rapport américain estime ainsi que les méthodes d'enseignement mises en œuvre outre-Atlantique ont peu évolué depuis la fin du XIXe siècle. Salman Khan a néanmoins trouvé quelques complices pour expérimenter le mariage entre enseignement classique et apprentissage autonome via les vidéos de la Khan Academy. Et la leçon principale qu'il tire de la première expérience, menée à Peninsula Bridge en Californie, est que « l'utilisation de la technologie a humanisé la classe en facilitant le tête-à-tête et en permettant à l'enseignant d'aider ceux qui en avaient le plus besoin[1] ».

La Khan Academy repose en effet non seulement sur des vidéos, mais aussi sur un système d'évaluation qui, à chaque étape, permet de vérifier que la notion a été acquise. Tant que ce n'est pas le cas, l'élève ne passe pas à l'étape suivante. Pour Salman Khan, on ne devrait passer en classe supérieure qu'avec 20/20 dans toutes les matières : il estime que même un 16 ne suffit pas à garantir la suite des apprentissages, puisque les quatre points d'écart peuvent concerner une notion dont l'élève aura impérativement besoin plus tard pour accéder à d'autres notions. Remarquons au passage que cette approche pourrait permettre de sortir par le haut du débat sur le redoublement, dont toutes les études montrent qu'il coûte cher (en France : deux milliards

1. *Ibid.*

d'euros par an) et produit des résultats médiocres. La seule façon d'en finir avec le redoublement est en effet de prendre les problèmes à la racine dès qu'ils se manifestent, ce qui exige un haut niveau d'individualisation de l'enseignement.

C'est ce que font les pays qui obtiennent de bons résultats sans faire redoubler : ils multiplient systèmes d'aide personnalisée, groupes de niveau, organisation en modules qui permet de suivre des cours de niveaux différents selon les disciplines, pratique de l'évaluation ne se limitant pas à des notes assorties d'appréciations lapidaires qui, bien souvent, mêlent au strict commentaire sur les apprentissages jugement sur la personne et considérations moralisatrices... Sans cela, la lutte contre le redoublement, notamment au collège, se traduit trop souvent par la décision de laisser passer des élèves dont on sait pertinemment que leurs lacunes les handicaperont, en se disant que le niveau suivant gérera (ce qu'il ne fait pas en général). C'est avec cette logique délétère que la technologie mise au point par les développeurs de la Khan Academy permet de rompre.

Grâce au logiciel, les enseignants savent exactement où chaque élève en est et peuvent intervenir en conséquence. Salman Khan estime en outre qu'une ou deux heures quotidiennes d'utilisation de la Khan Academy, dans le cadre scolaire, suffisent amplement. Il ne s'agit donc en aucun cas de remplacer l'école physique, encore moins les enseignants, mais d'aider ces derniers à travailler autrement, au plus près des besoins des élèves. Ces possibilités d'individualisation sont au cœur de la révolution technologique en cours selon Bill Gates, le légendaire fondateur de Microsoft, dont le soutien fut déterminant dans la naissance de la Khan Academy[1].

D'autres expériences menées par la suite, notamment à la Los Altos School, ont par ailleurs montré que cet enseignement mixte donnait des résultats inespérés avec des élèves en difficulté. Le jugement des enseignants de cette école en dit long : « Nous pensons que la mise en place de la Khan Academy a provoqué un changement fondamental chez nos élèves : la responsabilité a remplacé l'apathie et l'effort la paresse. Selon nous, ce changement profond est la cause principale des résultats étonnants que nous commençons à obtenir, à la fois au niveau de la classe et sur le plan individuel[2]. »

De son côté, Nadia, la petite cousine déprimée par son contrôle de mathématiques raté en 2004, a surmonté sa déception et est devenue une brillante étudiante en médecine.

La Khan Academy ambitionne de devenir « une école grande comme le monde » (sous-titre du livre de Salman Khan), en donnant accès, toujours gratuitement, aux savoirs et compétences sur toute la planète. L'Inde est déjà engagée dans ce mouvement. Chaque jour, 5 000 nouveaux étudiants arrivent dans l'enseignement supérieur et dix établissements ouvrent leurs portes[3]. Un nouveau modèle émerge autour des MOOC,

---

1. Bill Gates, « Innovation And Technology In Education », www.impatientoptimists.org, 30 août 2013. http://www.impatientoptimists.org/Posts/2013/03/SXSW-Innovation-and-Technology-in-Education

2. Salman Khan, *L'Éducation réinventée*, *op. cit.*

3. Pawan Agarwal, « How MOOCs Can Help India », *Scientific American*, 2 août 2013. http://www.lesechos.fr/08/06/2013/lesechos.fr/0202814090211_mooc---rendez-vous-a-la-rentree-prochaine.htm

mixant une production locale originale et le recours aux MOOC des meilleures universités mondiales. Ce n'est pas la première fois que l'Inde espère gérer l'accroissement du nombre d'étudiants grâce à Internet. Plus de 900 cours diffusés par vidéo avaient déjà été créés. Mais il leur manquait ce qu'apporte la technologie des MOOC : l'interactivité, la qualité mondiale et les possibilités d'évaluation. Résultat : mi-2013, 250000 des 3 millions d'utilisateurs de Coursera étaient indiens.

Coursera est née un peu de la même façon que la Khan Academy, selon Andrew Ng, un de ses deux cofondateurs (avec Daphne Koller). Enseignant à Stanford, il a commencé à poster de brèves séquences sur YouTube pour enrichir son cours. À force de se faire interpeller dans les allées de son université par des étudiants et enseignants qui le félicitaient et le remerciaient pour son initiative, il aurait eu l'idée de passer au stade industriel. Jusque-là son cours consacré au *machine learning* faisait le plein chaque année, soit 400 étudiants. La première diffusion du même cours sur la plate-forme en a attiré 100000 – il aurait fallu qu'Andrew Ng enseigne pendant 250 ans pour toucher le même nombre d'étudiants !

Quelques mois plus tard, Coursera est devenue une de ces *success stories* fulgurantes dont raffole la Silicon Valley. La façon dont Daphne Koller est entrée dans l'aventure n'est pas moins édifiante. C'est en travaillant pour son université (Stanford) sur une mission destinée à améliorer les relations entre étudiants et enseignants que cette chercheuse en intelligence artificielle s'est intéressée aux MOOC. La question de la relation pédagogique est donc bel et bien consubstantielle à l'histoire récente des MOOC en particulier et du numérique en général, ce qu'a pu vérifier un des meilleurs spécialistes mondiaux du sujet, le chercheur Marcel Lebrun (de l'université catholique de Louvain, en Belgique), qui a réalisé une enquête sur 1500 étudiants de son université : « La motivation et les interactions arrivent en tête des bénéfices apportés par les plates-formes selon les étudiants par rapport à l'enseignement traditionnel. Mais seuls 30 % d'entre eux en moyenne pensent [...] que les cours avec une plate-forme pédagogique sont mieux que les cours traditionnels[1]. »

Des centaines d'établissements du monde entier frappent aujourd'hui à la porte pour pouvoir participer à l'aventure Coursera, ce qui permet à la plate-forme de conserver une exigence de qualité extrême. La France a d'abord regardé passer le train. Les premiers cours en français délivrés sur Coursera ne l'ont même pas été par un établissement hexagonal, indice de notre retard à l'allumage en matière de numérique et de pédagogies innovantes. L'École polytechnique fédérale de Lausanne (EPFL) a en effet devancé notre prestigieuse École polytechnique, premier établissement français à franchir la rigoureuse sélection imposée par Coursera. HEC a suivi.

Un autre champ de développement prometteur pour les MOOC est celui de la formation pour adultes, que le numérique a largement préempté dans le domaine des langues avec des plates-formes comme Tell me more

1. Fabienne Guimont, « Journées du e-learning : pour Marcel Lebrun, "Une bonne e-pédagogie est d'abord une bonne pédagogie" », art. cit.

ou Rosetta Stone. Les MOOC permettent en effet une personnalisation complète des parcours et un suivi parfait de l'acquisition des connaissances par les étudiants. Coursera a d'ores et déjà prévu de vendre aux entreprises du *talent sourcing* – nous y reviendrons – et toutes les écoles de commerce regardent attentivement du côté des MOOC pour développer leur offre en formation continue – elle représente parfois plus de 30 % de leurs ressources, et c'est sur ce département que repose souvent leur capacité à engranger des ressources propres pour financer leurs investissements.

Gageons qu'il ne faudra pas attendre longtemps avant que des initiatives comparables se développent en France. Elles émergent dans le supérieur, avec des projets tels que celui lancé par Centrale Lille ou « France université numérique » porté par le ministère de l'Enseignement supérieur et de la Recherche. Imaginez un instant les formidables gains de productivité qu'elles pourraient permettre. Si, dans un collège ou un lycée, les savoirs classiques étaient massivement délivrés via les MOOC au lieu d'être transmis face à des classes d'une trentaine d'élèves mobilisant, à chaque fois, un enseignant, le temps ainsi libéré pourrait être intégralement dédié à l'accompagnement des élèves et à des activités qui requièrent un enseignant en chair et en os – des travaux pratiques aux sorties scolaires, des exercices oraux aux travaux en petits groupes destinés à apprendre aux enfants la coopération, des pratiques artistiques aux activités sportives…

Le secteur du soutien scolaire a compris tout le bénéfice qu'il pourrait tirer des MOOC. Acadomia a embauché une responsable e-éducation, Camille Bedin, par ailleurs secrétaire générale adjointe de l'UMP et farouche partisane d'une libéralisation du marché scolaire. Les initiatives fourmillent et commencent à lever des fonds (OpenClassroom, Learn Assembly, les-bonsprofs, Digischool, LearningShelter...), une alliance entre Acadomia, l'école 42 de Xavier Niel et DigiSchool vient d'être signée. Et les géants mondiaux de l'édition scolaire comme Pearson sont sur le coup. Ce dernier a récemment acheté Learning Catalytics, une plate-forme destinée à aider les enseignants à individualiser leurs cours, et a lancé un incubateur de start-up virtuel dédié à l'éducation. Il a reçu plus de deux cents projets ! La demi-douzaine d'heureux élus travaillent tous sur des technologies mixant, comme les MOOC, distanciel et présentiel : VLinks Media veut aider les éditeurs à créer des classes interactives en ligne sur le web et sur les smartphones ; Spongelab propose des contenus numériques dans le domaine des sciences ; Ace Learning Company combine offre de contenus et technologie permettant de personnaliser l'enseignement, etc.

Aux États-Unis, où 10 % des étudiants suivraient déjà des cursus totalement numériques, d'autres initiatives extrêmement ambitieuses sont en cours, comme la création de l'université Minerva, dans la Silicon Valley, dont l'ouverture est annoncée pour 2015. « Le concept est simple : cette université n'aura ni classes, ni bibliothèque, ni fratries. Pourtant, les étudiants vivront ensemble dans des dortoirs et assisteront à des cours sous la forme de vidéos mises en ligne. Ils passeront tout d'abord une année à San Francisco pour ensuite voyager pendant trois ans dans six villes différentes. Parmi celles-ci pourraient se trouver Londres, Hong Kong, Istanbul et Sao Paulo[1]. » Le mariage des MOOC et des compagnies aériennes *low cost* rend accessible à tous ce qui n'était qu'une exception à l'époque d'Érasme, figure du savant qui parcourt inlassablement le monde à la rencontre des esprits les plus éclairés de son temps.

Les MOOC, enfin, pourraient rapidement révolutionner la formation professionnelle, comme en témoigne le succès du site irlandais Alison (Advanced Learning Interactive Systems Online). À l'inverse de Coursera ou Udacity, Alison vise les travailleurs peu qualifiés et les chômeurs. Ses cinq cents cours, constitués de modules brefs, ergonomiques et explicites, permettent d'acquérir non des savoirs mais des compétences de base, transversales ou professionnelles (informatique de base, anglais, construction d'un site Internet, sécurité alimentaire, etc.). Ils sont gratuits mais l'usager peut se faire certifier pour 30 dollars par cours. Alison est en train de faire un malheur, de l'Égypte aux Philippines, du Nigeria à l'Inde… Financé par la publicité, il ambitionne de devenir un Amazon ou un eBay de la formation pour adultes, ses fondateurs faisant l'hypothèse que le secteur de l'éducation n'échappera pas à la règle du *winner takes all*, qui permet à un leader mondial

1. Hannah Legendre, « Minerva, projet d'université 100 % numérique », *Les Échos*, 19 août 2013. http://business.lesechos.fr/directions-ressources-humaines/formation/0202947745822-minerva-projet-d-universite-100-numerique-8605.php

d'absorber tous ses concurrents dès lors qu'il a atteint la taille critique et que le marché s'est consolidé.

La révolution numérique dans l'éducation implique une réinvention profonde du modèle, impensable sans un effort inouï de formation des enseignants et d'évangélisation des parents et des élèves, qui ne détestent rien tant que jouer les cobayes d'expérimentations pédagogiques encore instables – « plus les élèves grandissent, plus leurs attentes vis-à-vis de ce qu'ils considèrent être un enseignement de qualité deviennent, paradoxalement, conservatrices et favorables à ce qu'ils connaissent déjà, et aux méthodes auxquelles ils sont déjà habitués[1] ». Le modèle est encore loin d'avoir fait ses preuves. Les *success stories* côtoient les péripéties spectaculaires, comme celle qui a vu l'université de San Jose dénoncer ses accords avec la plate-forme Udacity six mois seulement après les avoir signés : plus de la moitié des étudiants inscrits aux MOOC proposés par la start-up avaient échoué aux évaluations, proportion jugée beaucoup trop élevée par les responsables universitaires. Plus généralement, de nombreuses études confirment ce que le simple bon sens prédit : on apprend mieux en se concentrant sur une tâche qu'en faisant plusieurs choses à la fois (tentation décuplée par l'accès à un ordinateur)[2].

1. Joël Boissière, Simon Fau et Francesc Pedró, *Le Numérique : une chance pour l'école*, *op. cit.*

2. Nicholas J. Cepeda, Faria Sana et Tina Weston, « Laptop multitasking hinders classroom learning for both users and nearby peers », *Computers & Education*, Elsevier, mars 2013. http://www.sciencedirect.com/science/article/pii/S0360131512002254

Ces balbutiements sont familiers aux professionnels de l'innovation de la baie de San Francisco où, dans tous les domaines, on n'attend pas forcément d'avoir finalisé un produit à 100 % pour le mettre sur le marché. On lance puis, à partir des réactions des utilisateurs, on améliore. Mais cette méthode ne convainc pas forcément ailleurs.

Le numérique éducatif est donc en partie confronté à la même problématique que Google avec sa voiture sans chauffeur. On sait la fabriquer, la faire circuler, elle a même parcouru des milliers de kilomètres sur les routes américaines sans provoquer ni subir le moindre accident. Elle pourrait donc constituer un progrès extraordinaire, ne serait-ce qu'en termes de sécurité routière. Mais il y a un monde avant de convaincre les automobilistes de monter dedans et de lui confier leur vie et celle de leurs enfants. Il en va de même du numérique à l'école et dans le supérieur : il offre d'ores et déjà des aides à l'apprentissage remarquables, mais il impose une telle rupture des habitudes qu'il faudra d'abord faire la pédagogie du numérique avant de profiter de la pédagogie numérique. Elle devra se fonder sur deux impératifs concomitants : prouver aux enseignants qu'elle permet de mieux enseigner et aux élèves qu'elle permet de mieux apprendre. Faire l'économie de cette phase d'explication et de persuasion, en imaginant que le numérique, parce qu'il révolutionne nos vies, va s'imposer naturellement dans les établissements scolaires et universitaires, s'apparente à de la pensée magique.

L'émergence de nouvelles approches pédagogiques liées au numérique va pourtant tout changer, y compris notre rapport aux objets physiques.

3… D

L'enfer est pavé de bonnes intentions. Quand l'Éducation nationale a coupé les mains des élèves en renonçant aux travaux manuels, elle pensait sans doute bien faire : l'emploi fuyait les usines, les grandes chaînes remplaçaient les petits artisans, pourquoi apprendre à fabriquer ? Au passage, elle a réussi l'exploit d'offrir un nouveau terrain d'excellence à ses « bons élèves ». En rendant l'enseignement en technologie du collège tellement théorique, les « mauvais élèves », qui dans le temps prenaient une modeste revanche grâce à l'intelligence de leurs corps, se sont retrouvés avec pour ultime allié potentiel en conseil de classe le professeur de sport.

Les choses pourraient changer très vite.

Le développement des imprimantes 3D et des machines de découpe laser remet en scène un mot d'ordre oublié – voire honni – de la méritocratie élitiste : fabriquer. Chris Anderson, ancien rédacteur en chef de *Wired*, magazine culte de l'avant-garde éclairée de la révolution numérique depuis vingt ans, a consacré un ouvrage aux *makers*[1] (« faiseurs », « fabricants ») qui explorent le potentiel encore méconnu de ces technologies. Sa thèse pourrait se résumer ainsi : on ne sait pas ce qu'elles vont changer, mais elles vont changer beaucoup de choses.

Elles modifient d'ores et déjà toute l'approche du prototypage, opération hier coûteuse, qui imposait aux inventeurs de bénéficier d'une mise de fonds importante pour simplement produire un exemple de ce qu'ils souhaitaient construire. Aujourd'hui, une imprimante 3D à trois cents euros permet d'obtenir le même résultat pour un petit objet. Le coût d'entrée dans l'innovation industrielle va chuter et ouvrir la porte aux ingénieux autant qu'aux ingénieurs[2].

Il en va de même de la production en série limitée. Il fallait hier passer par une usine, ce qui nécessitait des frais initiaux élevés – fabrication de moules, réglage des machines, etc. – mais offrait ensuite l'avantage de reproduire un objet pour un coût à l'unité de plus en plus faible. Intéressant, là encore, dans le modèle issu de la révolution industrielle et de la consommation de masse. La 3D permet l'inverse : coût de production à l'unité fixe, mais frais initiaux faibles. L'idéal pour produire des petites quantités voire des objets 100 % personnalisés. Ce modèle ne se substitue pas à

1. Chris Anderson, *Makers. La nouvelle révolution industrielle*, Pearson, 2012.

2. Pour tout savoir sur cette technologie, voir Mathilde Berchon et Bertier Luyt, *L'Impression 3D*, Eyrolles, 2013.

l'existant mais l'enrichit. Il ouvre surtout la voie à plus d'innovation.

Partout dans le monde fleurissent *tech shops* (ateliers de technologie) ou *fab labs* (laboratoires de fabrication) qui matérialisent ce mouvement de *makers* ou de *doers*. Pour une somme modique, voire gratuitement, étudiants ingénieurs, bricoleurs du dimanche et petits génies peuvent travailler côte à côte voire de concert sur des machines permettant d'usiner le métal, le bois, le plastique, etc. Les échanges se nouent, naturellement, autour de l'établi, et inscrivent ce mouvement dans une autre tendance forte, celle de l'innovation partagée (*open innovation*).

À l'instar de celui des imprimantes 3D, l'avenir des *fab labs* et *tech shops* n'est pas gravé dans le marbre. Deviendront-ils, comme le pensent certains, des micro-usines implantées dans chaque quartier, chaque village, où les citoyens viendront produire des objets qu'ils auront eux-mêmes conçus ou choisis, via Internet, dans des boutiques en ligne d'objets prêts à imprimer ? Deviendront-ils l'un des piliers des services de recherche et développement des entreprises, permettant au juriste, à l'ingénieur archi-spécialisé et au cadre du service marketing de se retrouver autour de projets menés de manière horizontale – hypothèse de Ford, qui a implanté un *tech shop* dans une de ses usines à Detroit (Renault y pense aussi) ? Pour Fabien Eychenne, auteur du premier livre en français sur le sujet[1], ce qui les

1. Fabien Eychenne, *Fab Lab. L'avant-garde de la nouvelle révolution industrielle*, Fyp éditions, 2012.

caractérise, c'est « l'ouverture avant tout. On y retrouve une partie de l'esprit du Net, avec de faibles barrières à l'innovation. Initialement, les gens étaient intéressés par les machines en libre-service pour ainsi dire. Peu à peu, les possibilités de rencontre et d'échange sont devenues essentielles. »

La France ne manque pas d'atouts. Fleur Pellerin, ministre déléguée auprès du ministre du Redressement productif, chargée des PME, de l'Innovation et de l'Économie numérique, a lancé un appel d'offres destiné à faire éclore les *fab labs*. Nombre d'écoles d'ingénieurs, telles l'ESIEE ou l'ECE, travaillent également dans cette direction, organisent des journées de l'innovation… Robert Germinet, alors patron des Mines de Nantes, auteur de l'ouvrage auquel j'ai emprunté la formule sur les « ingénieurs ingénieux[1] », avait ainsi revu de fond en comble la pédagogie de son école, il y a plus de quinze ans. Il accueillait ses brillants étudiants, férus d'équations mathématiques complexes, en leur remettant une mallette contenant toutes les pièces nécessaires à la fabrication d'un transistor. Un simple transistor. Mais sans mode d'emploi. Théorèmes et théories ne servaient à rien ou pas à grand-chose. Il fallait raisonner par induction et non plus par déduction, tenter, se tromper, revenir en arrière, se coltiner la réalité de la matière quand elle résiste. Que faisaient pendant ce temps nos plus brillantes écoles, Polytechnique en tête – école non seulement publique mais gratuite et qui salarie, avec nos impôts, ses élèves ? Elles formaient et laissaient filer

1. Robert Germinet (dir.), *L'Ingénieur ingénieux*, Odile Jacob, 1997.

dans le privé les cohortes de traders qui viennent de faire imploser les marchés financiers avec leurs dérivés financiers complexes calculés à la nanoseconde.

Le « redressement productif » que le gouvernement appelle de ses vœux passe par une refonte radicale de nos filières technologiques afin qu'elles deviennent, au lycée, autant recherchées que les filières générales, ce qui n'adviendra jamais tant que le collège les négligera voire les méprisera. On se prend aussi à rêver que les lycées professionnels industriels ouvrent des *fab labs* et deviennent, localement, des pôles d'innovation réunissant univers de la formation, société civile et monde économique. Pourquoi, également, ne pas équiper tous les collèges en imprimantes 3D et revoir les programmes de sorte à favoriser le travail collaboratif sur des projets concrets, autour du cours de technologie mais en intégrant au passage les sciences, les mathématiques, etc. ? Ces machines jouissent en outre d'un atout simple et majeur : elles sont fascinantes ! Pourquoi se priver d'une technologie abordable capable de susciter le nerf de la guerre des apprentissages : le désir ?

L'université a également un rôle majeur à jouer. Elle est la mieux placée pour tisser un lien entre recherche et innovation – rappelons que la moitié des ingénieurs sont diplômés d'une école rattachée à une université. Les passerelles devraient être nombreuses et naturelles entre les licences de sciences et ces écoles ; elles demeurent exceptionnelles, les écoles préférant encore aller chercher leurs étudiants dans les filières sélectives (BTS, DUT, prépas).

Là non plus, la partie n'est pas forcément perdue d'avance. Sur certains salons de l'Étudiant, les rectorats tentent de mettre les filières sur un pied d'égalité en organisant des conférences adressées simultanément aux futurs bacheliers généraux et aux futurs bacheliers technologiques. Mais la partie sera dure à gagner, tant les représentations sont figées dans l'inconscient des enseignants, des parents et des élèves – Christian Forestier, qui est depuis quarante ans l'un des principaux acteurs et supporters de la voie technologique, n'a pas réussi à aller au bout de ses idées, bien qu'il ait occupé tous les postes qui comptent dans la maison Éducation. L'Éducation nationale ne manque pas d'intelligences, de capacités à penser le changement, mais elle renâcle toujours à bousculer son modèle élitiste (le triptyque « bac S-classe prépa-grande école »).

Une autre caractéristique du modèle handicape l'avenir : sa nature excessivement tubulaire, le manque de dialogue entre les filières et, au sein même des filières, entre les disciplines. Alors même que les entreprises s'adaptent, bon gré mal gré, au fonctionnement en réseau, plus horizontal que vertical, sous l'impulsion de jeunes habitués au multitâche, ayant grandi avec un smartphone sous les doigts, le système éducatif continue de tronçonner savoirs et spécialités et de délivrer sur le marché des diplômés par trop spécialisés. Pour preuve, la mode dans les grandes écoles consiste, ces dernières années, à concevoir des formations mixtes, essentiellement entre écoles de commerce et d'ingénieurs, comme le master Idea de Centrale Lyon et l'EM Lyon, qui viennent de lancer un vrai double diplôme.

Une fois encore, le système réserve ce qu'il a de meilleur aux élites, celles qui sont passées sous les fourches caudines du modèle méritocratique égalitariste. Le privé crée lui aussi des filières pluridisciplinaires (par exemple la Web School Factory), destinées à des élèves à fort potentiel mais rebutés par l'approche scolaire des apprentissages qu'ils ont vécue au collège et au lycée. Mais il faut payer (environ 8 000 euros par an pendant quatre ou cinq ans). Pour la masse, rien n'est prévu.

Ce dialogue entre les disciplines et cette ouverture à la diversité des approches ne touchent pas seulement au numérique. Ils irriguent tous les processus d'innovation, à commencer par la méthodologie du *design thinking*, qui est en train de déferler sur nos grandes écoles.

4

Design or decline[1]

Des jeunes gens bien sous tous rapports, ayant satisfait depuis l'âge tendre aux exigences scolaires, accumulant prix et récompenses, possédant une robuste capacité de travail, dotés d'un solide sens de la compétition. Des premiers de la classe. Comment leur apprendre à prendre des risques pour innover ? À sortir des sentiers battus alors même qu'ils doivent les succès enchaînés depuis l'enfance à leur habileté à se couler dans le moule, à répondre aux attentes de leurs enseignants ?

Ce portrait pourrait parfaitement coller avec les élèves de nos meilleures classes préparatoires aux grandes écoles. Mais dans la bouche de celui qui l'a dressé pour moi, il désignait les étudiants américains intégrant l'université de Berkeley – et il s'appliquerait aussi bien à la plupart des étudiants du top 20 des grandes universités

1. Slogan anglais intraduisible au sens français du mot *design*, qu'il faut comprendre ici dans une acception large, plus proche de la notion de « conception », et pas seulement appliquée aux objets.

américaines. Ce portrait donc m'a été brossé par Ikhlaq Sidhu, responsable du centre d'entrepreneuriat technologique de Berkeley, lorsque j'avançais – imprudemment – l'hypothèse selon laquelle les Américains tombaient tout jeunes dans la marmite de l'innovation, étant encouragés dès le primaire à prendre des risques, à bâtir des projets collectifs, à s'exprimer souvent en public, à raisonner par induction plus que par déduction. Hypothèse erronée, en tout cas en ce qui concerne les élites en général et les élèves ingénieurs en particulier – selon Ikhlaq Sidhu : « La culture de l'ingénieur constitue un environnement hostile à l'innovation. » Alors comment font Berkeley, Stanford et les autres pour produire autant d'idées disruptives ? Réponse d'Ikhlaq Sidhu : *We believe that innovation is a learnable skill* (« Nous croyons que l'innovation est une compétence qui s'acquiert ») – mantra que vous entendrez dans toute la Silicon Valley, des universités aux centres de recherche privés en passant par les *fab labs* et autres *tech shops*.

Comment enseigne-t-on une attitude – l'aptitude au risque, la pensée *out of the box* (hors des sentiers battus) ? Direction la D School de Stanford. *D* comme *design*, *school* comme « école ». Pourtant, explique malicieusement l'un de ses fondateurs, Bernie Roth, professeur d'ingénierie mécanique à Stanford, on n'y enseigne pas vraiment le design et ce n'est pas une « école » au sens stanfordien du terme – les *schools* (*engineering school*, *business school*, *law school*, etc.) délivrent des diplômes. À la D School, on vient juste valider quelques modules optionnels. Elle est pourtant archi-sélective, car on y découvre les mystères du *design thinking*, une méthodologie de l'innovation qui a essaimé dans toute la Valley et qui a notamment été formalisée par l'ingénieur David Kelley et le designer Tim Brown, dirigeants d'Ideo, qui se définit comme une « agence de créativité » et à laquelle le consommateur (et les actionnaires !) doit, entre mille exemples, la première souris d'Apple, les fauteuils de bureau Steelcase ou l'appli Spark.

À la regarder, cette approche se nourrit d'abord de mantras généreusement affichés aux murs ou suspendus au plafond de la D School ou des locaux d'Ideo, comme *The only way to do it is to do it* (La seule façon de faire quelque chose c'est de le faire) ou comme cette citation du compositeur John Cage : *Nothing is a mistake. There's no win and no fail. There's only MAKE.* (Rien n'est erreur. Il n'y a pas de victoires et pas de défaites. Il faut juste FAIRE.) Elle s'alimente par ailleurs d'un inconfort voulu et assumé. Les tabourets sont trop hauts pour qu'on soit tenté de s'assoupir pendant une réunion de travail, trop inconfortables aussi pour qu'on prolonge la réunion au-delà du nécessaire. Cette ergonomie – ou cette absence d'ergonomie – du mobilier est censée éviter la pensée confortable, inviter à la recherche de nouveaux équilibres et au passage éviter l'assoupissement et les réunions qui s'étirent paresseusement.

À l'étage des ateliers, les murs sont constitués de tableaux blancs mobiles : suspendus par des rails au plafond ou montés sur roulettes, ils s'agencent en fonction des besoins, dessinant des espaces de travail provisoires et mouvants. Les process sont en partie exposés aux yeux de tous sur des post-it collés au mur. Ils s'organisent en cinq étapes : *empathize* (comprendre les besoins des gens), *define* (voir pour quelle raison l'utilisateur aura besoin de tel produit), *ideate* (formuler l'idée/les idées), *prototype* et enfin *test*. Il va sans dire que l'essentiel de l'enseignement s'organise autour de projets à mener et de problématiques à résoudre collectivement.

Mais la principale richesse de la D School est ailleurs. Elle organise la rencontre d'étudiants de tous horizons : médecine, environnement, commerce, biologie, politique internationale, mécanique, électricité, « parfois même design », sourit Bernie Roth.

Certains exercices semblent d'une simplicité biblique. Comme demander à une équipe de rédiger la notice de montage d'un petit avion en Lego qu'une autre équipe devra assembler, sur la seule base de cette notice. Le but est d'amener les jeunes à formuler leurs idées, à les partager avec des personnes issues de formations différentes. Testez : sous son apparente facilité, l'exercice recèle des pièges inattendus. « Un jour, un groupe a même oublié de préciser que la forme finale de l'objet était celle d'un avion. C'était un groupe d'ingénieurs », précise, malicieux, Bernie Roth, lui-même ingénieur.

Un autre projet, plus ambitieux, a permis à des étudiants de la D School de concevoir un porte-bébé chauffant destiné au transport de prématurés dans les zones de montagne accessibles seulement à pied ou à dos de mule – le modèle a été breveté et commercialisé au terme d'un long processus itératif qui a conduit plusieurs fois les étudiants au Tibet, où ils ont mesuré combien une idée qui semblait technologiquement géniale vue de Californie pouvait faire flop pour des raisons comportementales ou culturelles. Le *design thinking* s'applique même à l'éducation (ici aussi, à la D School, c'est un enjeu stratégique). Une affichette certifie qu'en l'espace de vingt semaines, un groupe de vingt-trois enfants a effectué l'équivalent de deux années de progrès, « grâce à un enseignant motivé utilisant le *design thinking* ».

S'il existe, en France, des initiatives intéressantes en matière d'entrepreneuriat et d'innovation, essentiellement dans les écoles de commerce, de plus en plus dans les écoles d'ingénieurs, aucune ne va aussi loin dans la fertilisation croisée des disciplines – au mieux, on croise commerce, ingénierie et design, mais le droit, la sociologie, la médecine, la psychologie ou les sciences humaines demeurent exclus. Ne parlons pas de l'enseignement secondaire général, qui a accueilli avec de farouches réticences les modestes tentatives d'introduction à la pluridisciplinarité et aux processus de recherche et de projet collectif : les « itinéraires de découverte » ont fait long feu au collège ; et, si les « travaux personnels encadrés » en lycée ont survécu, ils se sont transformés en gros exposés, assez loin des ambitions initiales.

Quelques initiatives émergent néanmoins autour de ce concept de *design thinking*. Une nouvelle école a ouvert ses portes à Marne-la-Vallée sous le nom « Paris-Est d.school », en partenariat avec la D School de Stanford, et de nombreuses écoles d'art ou de design, publiques comme privées (Strate Collège de Sèvres notamment), s'inspirent de cette méthodologie. Mais elles peinent à bousculer les approches classiques mises en œuvre dans l'enseignement scolaire, dans les universités et dans les grandes écoles traditionnelles.

Pourtant, répétons-le : les universités et les universitaires américains ne sont pas moins conventionnels que les universités et universitaires de tous les pays du monde, France comprise. Ils n'aiment pas plus être bousculés dans leurs certitudes, attaqués dans leur mandarinat. Mais ils sont suffisamment nombreux à croire que l'innovation est une compétence qui s'acquiert pour laisser des pédagogies innovantes se déployer au sein même de leurs universités les plus classiques.

Ce système fonctionne donc avec des étudiants triés sur le volet qui ont déjà intégré les connaissances académiques fondamentales. En clair : des étudiants sélectionnés (mais, à la différence de la France, les États-Unis ne donnent pas seulement leur chance aux matheux). Cette question de la sélection, la France ne pourra pas l'éviter longtemps, sauf à faire semblant de croire que la quasi-suppression du redoublement au collège a produit des résultats bénéfiques et que l'absence de sélection à l'entrée sert les universités.

5

Coopération *versus* sélection

Sitôt nommés et quelles que soient leurs convictions, les ministres français de l'Éducation entonnent tous la même rengaine, celle de la réussite de tous. Se disent-ils que plus le mensonge est gros mieux il passe ? Ils ont été jusqu'à inscrire par deux fois dans des annexes de lois – de lois ! – l'objectif de 100 % de jeunes diplômés ou qualifiés à leur sortie du système éducatif, comme si la maladie et les accidents de la vie, à eux seuls, ne condamnaient pas ce chiffre proprement délirant. Ces 100 % ont une autre fonction : faire passer la pilule des effets pervers du modèle méritocratique, lequel non seulement exclut une majorité d'élèves, mais le fait sur des bases sociales et culturelles et non « méritocratiques ». Votre naissance, sauf exception, vous a assigné une position sociale. Nous allons quand même tout faire pour vous donner un diplôme, afin d'objectiver cette position, quelle qu'elle soit.

De l'école élémentaire au bac, puis de la première année d'études supérieures au doctorat, le système éducatif vit donc sous ce régime hautement sélectif, celui des notes et classements et de ce fameux redoublement que tout le monde condamne sans parvenir à l'éliminer. Unique exception à cette règle d'airain : l'entrée à l'université. C'est le seul moment du parcours où l'on ne vous demande pas de montrer patte blanche. Ah oui, il faut le baccalauréat, premier grade de l'enseignement supérieur. Mais cette règle, élaborée avant l'invention des bacs technologiques et professionnels, à une époque où les bacheliers représentaient une part infinitésimale de la jeunesse, avant la crise et le chômage de masse, cette règle n'a jamais été actualisée, comme si le bac de 2013 offrait les mêmes garanties que celui de 1900.

Pourquoi cela pose-t-il problème ? Parce que le premier cycle universitaire est la seule étape de tout le parcours d'études qui puisse rejeter ses échecs sur les étudiants. Quand on a sélectionné ses élèves, on les a non seulement adoubés, mais on a surtout défini une relation pédagogique équilibrée : je t'accepte car je pense que je peux te faire réussir. La sélection engage la responsabilité de celui qui sélectionne – ta réussite, comme ton échec, seront aussi les miens. On ne m'ôtera pas de la tête que la lenteur de l'université à prendre acte des conséquences de son refus de la sélection à l'entrée après la massification tient à la posture victimaire qu'elle a pu adopter dans un premier temps sur ce sujet (les choses changent depuis une dizaine d'années, lentement, mais elles changent).

Si les Français sont massivement attachés aux filières sélectives et si méfiants à l'égard de la suppression des notes ou du redoublement, ce n'est pas seulement par attachement aux us et coutumes de la méritocratie élitiste. C'est parce qu'ils sentent ou savent que ces formules supposent un engagement plus fort de la part des établissements et des enseignants. C'est d'ailleurs le principal ressort de la pédagogie des classes préparatoires : les élèves acceptent la rigueur des enseignements car ils savent que le professeur joue dans le même camp, qu'il se bat pour la réussite de chacun.

L'autre contrat de confiance se noue autour du tarif des études – là aussi, l'étudiant-client s'attend à en avoir pour son argent –, raison pour laquelle tout un pan de l'enseignement supérieur privé cible des jeunes qui n'ont pas le niveau pour entrer dans les filières les plus sélectives mais pensent qu'ils pourront demander plus de comptes à une formation payante qu'à une formation gratuite. Raison pour laquelle HEC ou Sciences Po ont pu augmenter leurs tarifs de manière spectaculaire sans perdre un seul client.

Le refus de la sélection à l'entrée à l'université répond sans doute au souci, informulé, de conserver une sorte de soupape dans un système verrouillé de bas en haut par les instruments de la méritocratie élitiste. Comme une seconde chance. Un havre. Mettons. Mais rend-on vraiment service aux jeunes et à l'université elle-même ? À l'évidence, non.

Pourquoi insister autant sur l'université ? Parce que de sa réussite dépend pour une bonne part la capacité de notre pays à basculer dans l'ère de l'innovation et à en faire profiter le plus grand nombre.

Retournons quelques instants en Californie. En tant que telle la Silicon Valley ne constitue pas un modèle reproductible. De plus, elle a dû sa croissance, tout au long du XXe siècle, à la relation intime qui s'est tissée entre ses industries et son enseignement supérieur. Les grandes universités de la côte Est, dans le même temps, se développaient à partir de leur proximité avec le monde des affaires – commerce et finance – et de la prépondérance de Washington en tant que puissance publique – d'où la réputation des *law schools* (écoles de droit) de la côte Est comme celles de Harvard ou Yale.

Modèle inimitable donc, fortement ancré, qui plus est, dans la culture américaine. En quoi peut-il nous intéresser ?

Écoutons William F. Miller, 89 ans, professeur à Stanford et start-upper invétéré (il a investi dans sa dix-huitième société à l'âge de 84 ans !) : « La Silicon Valley s'est avant tout développée sur la volonté de bâtir une communauté. La recherche n'a jamais été conçue pour répondre aux commandes des entreprises. En revanche nous avons toujours permis aux entreprises de s'associer à des projets de recherche et aux universitaires de s'impliquer dans des projets entrepreneuriaux, tout en fixant des règles strictes pour éviter les conflits d'intérêt – l'une d'entre elles étant que l'évaluation des universitaires s'effectue uniquement sur la qualité de leur enseignement et de leurs recherches. »

Résultat : en un siècle, Stanford a été à l'origine de la création de 69000 entreprises, dont 39000 *non profit* – un statut qui s'apparente à celui de nos associations loi 1901 (à but non lucratif) et qui permet de créer des entreprises ayant vocation à rendre service au public. Le succès de Stanford et des universités de la Silicon Valley est donc, avant tout, celui d'universités à la fois intransigeantes sur le cœur de leur identité (la recherche, l'excellence, le service au public), incroyablement ouvertes sur le monde qui les entoure et extrêmement attentives à leurs étudiants. « Ici, les professeurs sont convaincus que le mélange est le secret de la réussite, explique Lita Nelsen, du MIT. Les chercheurs sont stimulés par la curiosité des étudiants qui arrivent chaque année dans l'université. Ils ne sont pas *bunkerisés* dans leur laboratoire[1]. »

Alors que la majorité des professeurs d'université français les plus brillants ont depuis longtemps délégué les cours de premier cycle à des maîtres de conférences ou des chargés de cours, certaines stars américaines continuent de délivrer des enseignements à des *undergraduates*, ce qui contribue à l'attractivité de leurs universités. Un modèle qui évite le double écueil de l'autarcie et de la dilution. L'université favorise aussi, nous l'avons vu, l'interdisciplinarité, ce que nos grandes écoles spécialisées ne peuvent pas faire, en tout cas à cette échelle.

L'innovation exige donc un lien intime avec la recherche – elle est dans l'université. Elle fonctionne mieux dans un monde de partage des savoirs (*open*

1. Citée dans Stéphane Marchand, *La Ruée vers l'intelligence. Enquête sur les nouvelles puissances du savoir*, Fayard, 2012.

innovation, *open intelligence*) qui est, en principe, celui de la recherche publique. Elle a besoin d'un vivier d'étudiants suffisant pour que l'émulation joue, pour éviter la reproduction *ad vitam* des mêmes schémas de pensée, pour éviter les ravages de l'entre-soi. Elle exige le croisement des regards et des disciplines. Dans son excellent essai *La Ruée vers l'intelligence*[1], le journaliste Stéphane Marchand donne des exemples convaincants, puisés dans le monde entier, des vertus de cette fécondation mutuelle.

Nos grandes écoles sont trop malthusiennes pour cela, trop dépendantes de l'extérieur pour améliorer leurs capacités de recherche, trop pauvres aussi – mais oui ! – pour consentir certains investissements lourds que seul l'État, éventuellement aidé par le privé, peut consentir, trop monocolores enfin dans leur recrutement scolaire et social. Confier notre avenir à ce seul système est imprudent.

Mais pour que l'université trouve sa place, elle devra redevenir aussi attractive, dès le premier cycle, qu'elle l'était avant la massification et la crise, et pas seulement dans les disciplines où elle jouit d'un monopole comme la médecine et le droit (monopole d'ailleurs menacé, dans ce second cas, par Sciences Po). Le seul segment de l'enseignement supérieur dont les effectifs ont diminué au cours des dix années écoulées est celui des premiers cycles universitaires, indice d'une défiance historique. Si l'université ne met pas en place des dispositifs sélectifs afin de signifier son engagement dans la réussite des

1. *Ibid.*

jeunes, elle risque de sombrer, tant la concurrence des filières sélectives, marginale il y a trente ans, est devenue féroce. Les licences doivent redevenir, massivement, un lieu de réussite.

Et l'université le sait ! Elle abrite en son sein des dizaines de filières sélectives hautement performantes : les instituts universitaires de technologie, les instituts d'études politiques (seul celui de Paris est privé, les autres « Sciences Po » sont rattachés à des universités), les instituts d'administration des entreprises, toute une série d'écoles d'ingénieurs dont les Insa (instituts nationaux des sciences appliquées)… L'université de Strasbourg abrite même une école de commerce (EM Strasbourg) parmi les meilleures de France. Le tout sans parler de centaines de masters d'excellent niveau. Mais là encore, mal français du localisme et de l'esprit de clocher, la porosité entre ces filières et la maison mère est faible, quand il ne s'agit pas d'une franche hostilité, ces entités ne redoutant rien plus que de voir l'administration centrale de l'université mettre son nez dans leurs affaires.

Il en va de même en matière pédagogique. Même quand elle produit de passionnantes recherches sur le sujet, l'université est rarement capable de se les appliquer à elle-même. Chercheur en sciences de l'éducation, André Giordan a admis, dans son discours d'adieu à l'université de Genève, qu'un de ses trois échecs en trente ans de carrière avait été de croire qu'il parviendrait à faire évoluer la pédagogie universitaire.

Mais là aussi les choses évoluent. Seuls les obstacles matériels empêchent les universités, en premier cycle, d'abandonner totalement les cours magistraux au profit de cours à effectifs réduits. Celles qui sont allées suffisamment loin dans cette direction réussissent. Sans surprise, ce sont des universités de taille moyenne (moins de 20 000 étudiants) et/ou de création récente (entre vingt et quarante ans) qui ont très tôt dû prendre acte des effets de l'augmentation du nombre d'étudiants et du changement culturel que cela induirait – passer d'un public d'héritiers capables de décoder des attentes implicites du système à un public de primo-entrants ne bénéficiant, dans leur entourage proche, d'à peu près aucun repère ni conseil sur la nature des études.

Ces universités font réussir jusqu'à deux fois plus de leurs étudiants en premier cycle que certains mastodontes parisiens pourtant fiers de surnager dans les classements internationaux. Ingrédients : la robustesse du lien avec les lycées environnants pour bien expliquer, en amont, les attentes de l'université, l'individualisation du suivi, jusques et y compris sur la question de l'assiduité, l'enseignement de la méthodologie, le décodage des attentes des enseignants. À quoi il faut adjoindre quelques facteurs exogènes tels que la proximité et le moindre coût du logement – des contraintes qui pèsent lourd sur les finances et donc les emplois du temps des étudiants dans les grandes villes, souvent contraints de travailler même quand il sont boursiers pour compenser la modicité de l'aide publique qui leur est apportée.

Côté recherche, on voit aussi se multiplier les projets de fertilisation croisée entre universités, grandes écoles, centres de recherche et industrie, à l'échelle de territoires. Grenoble mise sur le projet Giant (Grenoble Innovation for Advanced New Technologies) pour créer une Silicon Valley hexagonale autour des nanotechnologies. La région Rhône-Alpes vise carrément un *continuum* qui relierait les institutions de recherche et le monde économique de Genève à Valence, le long du sillon alpin. Toulouse s'est organisée autour de l'aéronautique. Troyes a développé de remarquables synergies entre son incubateur d'entreprises et son École supérieure de commerce[1].

L'efficacité de ces écosystèmes n'est plus à démontrer, mais ils ne s'imposent pas en quelques années. L'histoire de la Silicon Valley le prouve.

Les exemples français sont néanmoins autant de signaux encourageants. L'université va moins bien qu'elle ne le devrait, mais nettement mieux que beaucoup le pensent. Mais pour permettre à notre enseignement supérieur d'en tirer avantage, il faut que les universités affirment un modèle de réussite alternatif face aux classes prépas et recommencent à attirer les meilleurs bacheliers. C'est en outre la seule façon de convaincre un jour la haute administration et les grandes entreprises d'ouvrir leur recrutement de cadres dirigeants, comme dans le monde entier, aux titulaires de doctorat et pas seulement aux diplômés de grandes écoles. Peut-être y gagneront-elles au passage des esprits plus ouverts aux démarches inductives, celles qui permettent de sécréter ruptures et innovations.

1. Francis Bécard, *Le Groupe ESC Troyes et le droit à l'expérimentation*, l'Étudiant, 2013.

L'absence de sélection à l'entrée n'est certes pas l'unique obstacle à la reconquête par l'université de son prestige d'antan. Mais elle porte un message aujourd'hui délétère, conforte l'idée, souvent erronée pourtant, que l'université demande peu mais, en retour, garantit peu (en termes de taux d'encadrement, de tutorat, de réussite, de conditions de vie). Au moins pourrait-on imaginer un système qui maintienne l'absence de sélection pour les bacheliers généraux mais impose aux autres un petit test d'aptitude, simplement afin de vérifier qu'ils ont les prérequis qui leur permettront de suivre et de réussir. Peut-être pourrait-on imaginer, selon le même principe, que la mention au bac donne accès, de droit, à certaines filières universitaires surchargées, notamment les bilicences, ce qui permettrait, au passage, de revaloriser le bac et de lui redonner du sens en tant que grade universitaire. Dans le même esprit, les baccalauréats technologiques et professionnels devraient garantir l'accès aux filières technologiques du supérieur, pourquoi pas, là aussi, en prenant en considération la moyenne finale pour réguler l'accès aux filières les plus demandées.

Mais l'idéal serait de substituer à l'actuel système de sélection, fondé essentiellement sur les notes et sur une hiérarchie des disciplines héritée de la révolution industrielle puis, en France, des Trente Glorieuses, un système plus riche, susceptible de mesurer le potentiel et pas seulement la « valeur scolaire » à l'instant T, un système capable de valoriser les compétences sociales, le sens de la coopération, l'écoute, la plasticité mentale, la disposition à créer des liens entre les différents compartiments des savoirs (habileté qui fut à l'origine de tant de grandes découvertes scientifiques).

On comprend mal, en tout cas, comment, en 2013, certaines organisations syndicales de gauche, étudiantes et enseignantes, peuvent continuer de défendre un système qui envoie à l'échec chaque année des dizaines de milliers de jeunes, qui plus est issus de catégories sociales moyennes ou modestes, celles-là mêmes que la gauche fait profession de défendre. En un curieux raisonnement, l'Unef, syndicat étudiant majoritaire, proche du PS, estime que l'existence de quelques dizaines de licences sélectives à l'université explique l'augmentation de 32 % du nombre d'étudiants dans le privé entre 2005 et 2012. Quelques minutes de discussion avec les jeunes concernés et leurs familles suffiraient pourtant aux responsables du syndicat pour constater que le privé, aujourd'hui, n'est pas un choix par défaut (l'Unef a en revanche parfaitement raison de plaider en faveur d'une nécessaire amélioration de l'accueil des étudiants et pour que l'État investisse davantage dans les universités : c'est avant tout en redevenant plus attractives qu'elles attireront les jeunes qui, aujourd'hui, lui préfèrent des études privées et payantes). Nouvel exemple d'alliance objective entre tenants de l'égalitarisme et défenseurs de la méritocratie élitiste. Au profit des seconds et, comme toujours en France, au détriment des « mal nés ».

La question du redoublement dans l'enseignement scolaire se pose en des termes voisins. De droite comme de gauche, les ministres martèlent que le redoublement coûte cher et ne fonctionne pas. Mais aucun ne prend les robustes mesures qui permettraient de s'en passer sans reculer sur le niveau des élèves. Résultat : soit on continue de faire redoubler mal, soit on laisse passer l'élève, lequel finit par payer les pots cassés de cette faillite de la responsabilité des adultes.

Une étude du chercheur belge Hugues Draelants intitulée « Le redoublement est moins un problème qu'une solution[1] » démonte avec sérieux mais non sans humour les tenants et aboutissants de cette question. Au lieu de prouver une fois de plus l'inutilité du redoublement, il se demande pourquoi les enseignants, parfaitement capables de lire et comprendre les enquêtes internationales qui concluent à son inanité, persistent à y être attachés. Il analyse ainsi les bénéfices, réels ou supposés, du redoublement, du point de vue des enseignants ou des responsables d'établissement – le premier d'entre eux étant, sans conteste, son côté épée de Damoclès (la menace est une façon moralement discutable mais diablement efficace d'obtenir ce que l'on veut). Sa conclusion : tant que les systèmes éducatifs ne mettent pas en place des dispositifs alternatifs produisant les effets que le redoublement est censé produire, ce dernier résistera à tous les assauts de la recherche mondiale en sciences de l'éducation.

Il en va de même pour les appels, réitérés, des chercheurs et des pédagogues en faveur d'une école qui ne se définisse plus par le souci de trier les futures forces vives des nations industrielles, socle sur lequel se sont bâtis de

---

1. Hugues Draelants, « Le redoublement est moins un problème qu'une solution », *Les Cahiers de Recherche en Éducation et Formation*, n° 52, juillet 2006. http://www.uclouvain.be/cps/ucl/doc/girsef/documents/052cahier.pdf

nombreux systèmes éducatifs. Salman Khan dans *L'Éducation réinventée*[1] ou Ken Robinson dans *L'Élément*[2] leur font un sort de manière très convaincante, popularisant des travaux vieux de vingt ans réalisés notamment par le chercheur suisse Walo Hutmacher. Pourquoi, en dépit de réformes constantes visant à réduire l'échec scolaire, ce dernier perdure-t-il ? Parce qu'il constitue le moteur même de l'école, explique Hutmacher. Étiennette Vellas, de l'université de Genève, a repris son raisonnement[3].

L'échec scolaire, dit-elle, est le « chef d'orchestre » de l'école, car « les acteurs impliqués dans l'école, à travers leurs attentes, attitudes et moindres gestes (dont l'origine remonte à leur propre parcours d'écolier) perpétuent eux-mêmes une école sélective qui fait perdre à la culture son sens originel ». Elle détaille : les enseignants qui partent du principe qu'il est normal qu'une portion de la classe n'ait pas la moyenne (postulat hallucinant quand on prend la peine d'y songer : cela signifie que l'incapacité à apprendre, l'échec, sont normaux) ; ceux qui craignent de passer pour laxistes auprès des collègues, de la hiérarchie ou des parents s'ils encouragent ou valorisent les élèves ; la médicalisation des difficultés d'apprentissage, qui externalise la gestion de l'échec et déresponsabilise le système ; les

1. Salman Kahn, *L'Éducation réinventée*, *op. cit.*

2. Lou Aronica et Ken Robinson, *L'Élément*, playBac, 2013.

3. Étiennette Vellas, « Refuser clairement et définitivement la mission sélective de l'école… Pourquoi ? », *Cahiers de l'association vaudoise des parents d'élèves*, septembre 2003. http://www.ape-vaud.ch/article.php3?id_article=308

parents dont la première question aux enfants, le soir, sera de savoir s'ils ont eu des notes aujourd'hui ; les enfants enfin qui, ayant bien compris que le système vise à classer, se battent (ou pas) « non pas pour se construire des savoirs, des pouvoirs sur le monde, mais pour être promus ». Toutes raisons pour lesquelles la chercheuse genevoise juge nulles et non avenues les réformes qui prétendent favoriser un enseignement plus ouvert, plus attentif à l'enfant, donnant plus de sens aux savoirs, « dans un système qui n'a pas rompu avec la sélection » – ce qui relève, admet-elle, d'une « véritable démarche de civilisation ». (Au passage, c'est exactement le travers dans lequel risque de tomber la réforme Peillon, qui affiche de généreuses intentions pédagogiques mais ne remet absolument pas en question l'ordre méritocratique du système.)

Pour autant, supprimer ces formes de sélection ne suppose en aucun cas de renoncer à évaluer. Il faut en revanche promouvoir des systèmes d'évaluation plus justes et plus efficaces, tout au long de la scolarité – thématiques sur lesquelles travaillent aussi Salman Khan, Ken Robinson ou tant d'autres adversaires des systèmes actuels de sélection.

Car, en l'état, les principales victimes du système sont, une fois encore, les plus faibles. Soit on les fait redoubler dans de mauvaises conditions, c'est-à-dire sans résoudre les lacunes qui étaient les leurs (le fait d'avoir redoublé constitue le principal facteur prédictif d'une scolarité chaotique, ce qui prouve bien que le redoublement n'a rien résolu) ; soit on laisse passer en espérant que les choses s'arrangeront, ce qui arrive parfois avec les élèves recevant un fort soutien à l'extérieur de l'école (notamment sous forme d'accompagnement scolaire, qu'il soit délivré par des associations ou par des entreprises spécialisées), et privilégie, là encore, ceux qui sont déjà privilégiés.

En somme, chaque fois que le système rabaisse ses exigences, ce sont les plus modestes qui en font les frais. L'égalitarisme seul ne produit pas ce résultat. La méritocratie élitiste non plus. C'est bien leur coexistence, en tension permanente, systématiquement arbitrée en faveur des mieux dotés culturellement, scolairement, socialement, qui fait des étincelles.

La mondialisation du recrutement des élites ne va pas arranger les choses, sauf à apprendre à en tirer parti.

6

Le marché mondial des talents

Coursera et les plates-formes de MOOC, les réseaux sociaux professionnels (LinkedIn, Viadeo) ou personnels (Facebook en tête), suivis par une myriade de start-ups (Talentoday, Work4 Labs...) travaillent actuellement sur un nouveau Graal : être capables d'identifier les meilleurs profils via Internet, au profit des entreprises. Pour des questions de solvabilité et d'acuité des enjeux, la tendance devrait d'abord concerner les grandes entreprises, celles qui sont prêtes à payer, au besoin cher, pour s'attacher les meilleures compétences. Elle s'étendra aux autres, notamment aux PME, qui n'ont ni le temps ni les moyens d'investir réellement dans la quête des talents.

Pour les établissements qui souhaitent défendre leurs diplômés sur ce marché mondialisé et virtuel, la bataille de la marque ne fait donc que commencer – selon toute probabilité, les deux premiers filtres de recherche saisis par les employeurs demeureront, au moins dans un premier temps, le diplôme et l'établissement ou, *a minima*, le type d'établissement. L'arme fatale de cette bataille ne sera pas peaufinée par des agences de communication, portée par des logos ou des chartes graphiques. Elle relève, en premier lieu, de l'excellence scientifique. Stanford était déjà entrée dans le top 5 des meilleures universités mondiales quand elle s'est dotée d'un service central des relations internationales. Jusqu'alors son rayonnement mondial était assuré par ses composantes (école de droit, de commerce, d'ingénieurs...) c'est-à-dire, directement, par ceux qui produisent et diffusent la recherche. Être capable de faire avancer la science, d'articuler recherches fondamentale et appliquée, de proposer des innovations qui changent le monde. C'est le premier ressort de visibilité et d'attractivité.

Le deuxième atout maître est constitué par les réseaux d'anciens, ce que nos grandes écoles ont compris depuis longtemps. Nos universités, en revanche, affichent un retard spectaculaire en ce domaine et chaque année perdue se paiera cher. Ces *alumni* (anciens) aident à lever des fonds au profit des fondations universitaires, enjeu stratégique en ces temps de raréfaction des financements publics, mais aussi à porter la bonne image d'un établissement ou d'un diplôme dans le monde du travail. Encore faut-il, pour cela, qu'ils aient gardé un bon souvenir de leur expérience universitaire. Ce sentiment d'appartenance se forge dès les premiers contacts avec un établissement et tout au long des études. Après, il est trop tard.

Pour que la mayonnaise prenne, pour qu'un diplômé ait envie, cinq, dix ou vingt ans après avoir fini ses études, de porter haut les couleurs de son *alma mater*, il faut avoir travaillé ce sentiment d'appartenance tout au long de sa scolarité, voire avant, en suscitant le désir d'intégrer telle ou telle école. C'est toute la portée de l'image d'un établissement, de son pouvoir de persuasion en l'excellence de ses formations. Un étudiant est un *alumnus* en devenir. Il est un investissement. Pour sa capacité future à donner de l'argent, à offrir des emplois, à revenir se former dans son établissement d'origine (par exemple pour y passer un MBA – ticket d'entrée : 50 000 dollars) ou pour qu'il recommande cet établissement au sein de son entreprise.

La France, grandes écoles comprises, n'en est qu'aux balbutiements dans ce domaine. À quelques rares exceptions près, les associations d'anciens ne bénéficient pas des moyens qui leur permettraient de se développer. Car on est loin, ici, du gadget et de l'opération de communication. Si les établissements américains ou anglais parviennent à vendre sweat-shirts et mugs à leurs étudiants, à en faire des publicités vivantes et itinérantes, c'est parce que ces étudiants éprouvent au minimum une satisfaction, idéalement une fierté, à afficher leur appartenance à l'institution – raison pour laquelle les tentatives menées en France dans ce domaine se sont, pour la plupart, révélées décevantes. Harvard, Yale ou Oxford ne vendent pas de sweat-shirts. Ils vendent un imaginaire, un morceau d'expérience de vie, le souvenir des excellents enseignants qu'on y a côtoyés, des brillants étudiants qu'on y a connus, des prix Nobel maison dont on a appris les noms sur les *halls of fame*, des faits d'armes des équipes de basket, de football américain ou d'aviron dont les exploits se transmettent de génération en génération, des entrepreneurs venus raconter leurs *success stories* (et, pour faire bonne mesure, leurs *failure stories*, façon de bien ancrer dans la tête des jeunes la morale du *just do it* et les vertus de l'échec dûment analysé et digéré).

L'échelle de ce combat ne peut qu'être celle de l'université, pour des raisons déjà développées. Mais cette dernière ne peut plus se voir retirer la formation des élites au profit des classes préparatoires et tout un pan de la recherche au profit d'organismes qui lui sont extérieurs (CNRS, CEA, etc.) – situation qui évoque celle de l'URSS, dont la Russie contemporaine, entre autres maux, paie cher le fait d'avoir extrait la meilleure part de sa recherche pour l'héberger au sein d'une Académie des sciences jalouse de ses privilèges et de son autonomie[1].

L'impact de la recherche dans les classements mondiaux est une sorte d'hommage du vice capitaliste à la vertu universitaire. Insistons : la bataille ne se gagnera pas sur les sables mouvants de campagnes de communication plus ou moins habiles. Elle renvoie avant tout les établissements d'enseignement supérieur à la quête de l'excellence scientifique. Elle se nourrit moins de communication que d'imaginaire. Et de ce point de vue, les États-Unis ont un siècle d'avance. Tout un pan de leur cinéma et de leur littérature n'a pas d'autre objet que de magnifier l'expérience universitaire dans toutes ses dimensions. Héroïsme de l'archéologue *Indiana Jones*, du sage professeur incarné par James Stewart dans *L'Homme qui en savait trop* (Hitchcock) ou du

1. Tatiana Katsouéva-Jean (dir.), *Les universités russes sont-elles compétitives ?*, CNRS Éditions, 2013.

personnage de Jack Ryan de Tom Clancy qui, lorsqu'il ne sauve pas le monde, enseigne l'histoire à l'Académie navale d'Annapolis ; affrontement de la norme et de la disruption dans *Will Hunting* ou *Un homme d'exception*, confrontation aux premiers émois du *Lauréat*, aux premiers cas de conscience dans *La Firme*, campus comme terreau d'une *success story* entrepreneuriale dans *The Social Network* ou du drame dépressif de la jeunesse dorée dans *Less Than Zero* (le président de l'université d'Avignon, Emmanuel Ethis, a consacré un ouvrage au sujet sous le titre *Les Films de campus*[1]). La littérature n'est pas en reste[2], de *Moi, Charlotte Simmons* de Tom Wolfe aux pérégrinations désabusées des personnages de Philip Roth ou de l'Anglais David Lodge (l'Angleterre, dans une moindre mesure, met également en scène ses campus – voir notamment le film *Les Chariots de feu*). Le tout sans parler des tombereaux de *college* et *teen movies* (*American Pie*) qui ont également envahi l'univers de la série télévisée. Exception qui confirme la règle : le seul film français majeur sur les études supérieures, *L'Auberge espagnole* de Cédric Klapisch, a joué un rôle réel dans le désir de mobilité des étudiants européens – c'est ce qui ressort de l'étude du politologue Vincenzo Cicchelli intitulée *L'Esprit cosmopolite*[3].

On notera au passage que les scénaristes, réalisateurs, parfois acteurs de ces films américains n'ont pas été

1. Emmanuel Ethis et Damien Malinas, *Les Films de campus*, Armand Colin, 2012.

2. Voir le blog *Fac story* de Céline Manceau. http://blog.educpros.fr/fac-story/

3. Vincenzo Cicchelli, *L'Esprit cosmopolite*, Presses de Sciences Po, 2012.

formés, comme en France, dans des grandes écoles spécialisées terriblement malthusiennes comme la Fémis, mais dans des universités (Yale ne manque aucune occasion de rappeler qu'elle a formé Bill et Hillary Clinton mais aussi Jodie Foster). L'art, la création, l'expression ne sont pas expulsés aux confins de la galaxie éducative, ce qui nourrit aussi l'extraordinaire machine américaine à raconter des histoires, cette aptitude au *storytelling* qui parvient à parler aux spectateurs du monde entier car il puise ses ressorts dramaturgiques aux meilleurs sources de la culture classique (la tragédie antique, le conte, les grands mythes), enseignées et étudiées dans les meilleures universités, avec la même dignité que la physique nucléaire ou la finance d'entreprise.

Résultat : un adolescent français d'aujourd'hui en sait plus sur la vie quotidienne d'une université américaine que sur ce qui se passe dans une prépa, une fac ou une grande école françaises. Le problème, c'est qu'un employeur, un donateur, un parent, un chercheur aussi. Et ce sont eux qui font vivre, au quotidien, la réputation et le prestige des universités mondiales.

Là aussi, le numérique pourrait bouleverser les hiérarchies ou creuser, au profit des plus rapides et des plus performants, les écarts existants. Revenons à nos MOOC. Comment Coursera et d'autres plates-formes envisagent-elles de gagner de l'argent en ne faisant payer que la certification, et encore, pas cher (89 dollars) et non la matière première (le savoir) ? Pourquoi Stanford ou Berkeley acceptent-elles de diffuser gratuitement des enseignements pour lesquels les élites du monde entier sont prêtes à affronter une sélection sans merci et à payer des frais d'inscription astronomiques ? Parce que ces plates-formes vont stocker des millions de données sur les comportements en ligne des apprenants. Qui a réussi le plus vite les évaluations de tel cours ? Comment le candidat à tel poste ou à telle fonction dans une entreprise a-t-il suivi tel cours et validé ses évaluations ? Où sont les compétences de chacun ? Ses lacunes ? Comment apprend-il ? D'autres dispositifs se développent pour identifier et qualifier les *soft skills* des étudiants – ces aptitudes extra-académiques telles que l'habileté à prendre la parole en public, le sens du leadership, l'appétence pour la coopération. C'est le cas, par exemple, de la plate-forme Talentoday qui permet de cartographier ces aptitudes, c'est aussi le cas du classement des associations initié par Aneo et Crelacom afin de valoriser les compétences acquises dans le cadre d'un engagement culturel ou sportif, ou encore du Global Management Challenge qui met aux prises les étudiants d'une trentaine de pays afin d'identifier ceux qui font preuve de la vision stratégique la plus pertinente.

D'ores et déjà, les étudiants inscrits sur les plates-formes de MOOC privées Coursera et Udacity peuvent accepter que leurs profils soient diffusés aux entreprises qui en feraient la demande. Ces dernières n'accèdent pas seulement au CV du candidat potentiel mais aussi à des données sur la façon dont il a suivi les cours, dont il s'est engagé dans la vie de la communauté en participant aux forums de discussion… Gratuit pour l'étudiant, le service est payant pour les entreprises et un pourcentage est reversé à l'université ou au professeur qui a mis en ligne le cours (entre 6 % et 15 % selon le

Chronicle of Higher Education[1]). Plus cher qu'un service comparable obtenu chez LinkedIn, plate-forme de mise en relation professionnelle, moins cher qu'en passant par un cabinet de recrutement. Udacity aurait déjà plus de trois cents clients, essentiellement des entreprises de la Silicon Valley pour l'instant.

Ces nouveaux systèmes donneront leur chance à des talents aujourd'hui quasiment impossibles à identifier. Udacity affirme ainsi avoir soumis les étudiants qui suivaient un de ses cours d'informatique au même test que des étudiants de Stanford. Les 411 premiers à cette évaluation étaient des étudiants Udacity ! De quoi donner à réfléchir au moment où le monopole de certaines universités (ou, en France, des grandes écoles) est remis en question par les entreprises elles-mêmes.

Cette quête de distinctions alternatives aux diplômes va dans le sens de l'Histoire, en France notamment, où deux millions de personnes décrochent chaque année un des 4596 diplômes officiellement recensés. Ce qui, hier, demeurait l'exception est devenu la norme : plus de 70 % d'une génération obtient le bac, contre à peine un tiers au milieu des années 1980. Nous sommes ainsi entrés dans une « société des diplômes[2] ». Ce faisant, le diplôme s'est à la fois survalorisé et dévalorisé. Survalorisé au sens où le « passe ton bac d'abord » n'a

1. Jessica Gourdon, « Les plateformes de MOOC jouent les cabinets de recrutement », www.letudiant.fr, 3 juillet 2013. http://www.letudiant.fr/educpros/actualite/les-plates-formes-de-mooc-jouent-les-cabinets-de-recrutement.html

2. Mathias Millet et Gilles Moreau (dir.), *La Société des diplômes*, La Dispute, 2011.

jamais été un conseil aussi avisé : ceux qui restent à l'écart constituent aujourd'hui une minorité, alors qu'ils étaient hier la norme. Dévalorisé au nom du bon vieux principe selon lequel « ce qui est rare est cher ». En se banalisant, le diplôme perd de sa valeur, ce qui accroît et déplace la pression, laquelle ne s'exerce plus seulement en amont du bac mais aussi en aval, avec l'épanouissement d'une compétition terrible pour décrocher « le » diplôme réputé le plus porteur sur le marché de l'emploi (et l'émergence dans l'enseignement supérieur de problématiques jusque-là cantonnées au secondaire : échec, décrochage, chahut). En corollaire, les fonctions non directement productives du diplôme sont passées à la trappe – accès à la culture générale, capacités d'adaptation, développement de l'esprit critique, conscience civique, etc.

Dans ce contexte, si les entreprises disent vrai quand elles affirment chercher des salariés non excessivement formatés, elles auront recours aux nouveaux services qu'offrent les réseaux de type LinkedIn, qui a lancé en septembre 2013 une fonctionnalité permettant aux établissements d'enseignement supérieur de valoriser leurs diplômés[1] et qu'offriront demain les plates-formes de MOOC. Qui sait, ces plates-formes, si elles se révèlent de meilleurs détecteurs de talents que les établissements classiques, viendront peut-être les concurrencer. Après

1. Ingrid Lunden, « LinkedIn Growing Up : Opens Up To High School Students Over 13, Launches Dedicated Pages For Universities Worldwide", www.techcrunch.com, 19 août 2013. http://techcrunch.com/2013/08/19/linkedin-growing-up-opens-up-to-high-school-students-over-13-adds-university-pages/

tout, le diplôme n'est pas une condition indispensable de la réussite : ni Bill Gates ni Marc Zuckerberg n'ont terminé leurs études. Surtout, le coût des études tend à s'élever et impose aux jeunes et à leurs familles de raisonner en termes de retour sur investissement.

Aux États-Unis, où une scolarité dans les meilleures universités avoisine les 200 000 dollars, la question est tout sauf théorique. Vivek Wadhwa, enseignant à Stanford, conseille déjà aux jeunes qui souhaiteraient devenir entrepreneurs d'éviter les établissements les plus prestigieux – et les plus coûteux – afin de ne pas s'endetter et de ne pas être contraints, pour rembourser, de s'engager aussitôt dans le salariat. De plus, les écarts de réputation excèdent les écarts en termes d'excellence académique. Vivek Wadhwa a ainsi mené plusieurs études sur le cursus universitaire de start-uppers américains et étrangers implantés en Californie. Sa conclusion : à moyen terme, le bénéfice d'un diplôme décroché dans une des meilleures facs américaines est extrêmement modeste[1].

Jose Ferreira, fondateur de la plate-forme Knewton dédiée à l'individualisation de l'enseignement, estime quant à lui qu'il ne faudra pas dix ans pour que les grandes marques universitaires telles que Harvard, si elles ne réagissent pas immédiatement, soient concurrencées par des systèmes qui permettront aux employeurs de valider non seulement ce que les candidats savent

1. Vivek Wadhwa, « If You Want To Be An Entrepreneur, Don't Go To Harvard », www.linkedin.com, 16 août 2013. http://www.linkedin.com/today/post/article/20130816025740-8451-if-you-want-to-be-an-entrepreneur-don-t-go-to-harvard

mais à quelle rapidité et avec quelle profondeur ils ont acquis telle compétence. Ce jour-là, prédit-il, les grandes enseignes universitaires seront attaquées au cœur de leur attractivité : leur capacité à garantir un emploi dans les entreprises les plus recherchées et les plus rémunératrices[1]. Les universitaires américains Clayton M. Christensen et Michael B. Horn pronostiquent de leur côté que 25 % des *colleges* et universités américains auront disparu ou fusionné d'ici quinze ans face à l'émergence de nouvelles offres à prix cassés[2]. Ils en veulent pour preuve l'annonce par le prestigieux Georgia Institute of Technology de la création d'un master à 6600 dollars – un sixième du tarif habituel ! – en partenariat avec la plate-forme de MOOC Udacity et le géant des télécommunications AT&T.

Ces nouveaux dispositifs ouvrent également des perspectives très excitantes pour favoriser l'émergence d'élites scientifiques dans les pays dont l'enseignement supérieur et la recherche sont insuffisam-ment développés. Le Rwanda s'est ainsi lancé dans une expérimentation prometteuse[3]. Une année à l'université y

1. Jose Ferreira, « Disruptive Innovation vs. Harvard : Who Will Win ? », www.linkedin.com, 5 septembre 2013. http://www.linkedin.com/today/post/article/20130905152238-5048055-disruptive-innovation-vs-harvard-who-will-win?trk=tod-home-art-list-small_1

2. Clayton M. Christensen enseigne à Harvard ; Michael B. Horn est directeur de l'éducation du Clayton Christensen Institute for Disruptive Innovation. Ils sont les coauteurs de *Disrupting Class: How Disruptive Innovation Will Change the Way the World Learns*, McGraw-Hill Professional, 2010. http://www.nytimes.com/2013/11/03/education/edlife/online-education-as-an-agent-of-transformation.html?pagewanted=1&_r=0

3. Jeffrey Bartholet, « Free Online Courses Bring "Magic" to Rwanda », *Scientific American*, 24 juillet 2013.

coûte 1 500 dollars, somme que peu de familles peuvent investir ; de plus, le niveau d'enseignement est loin des standards internationaux. Une offre à base de MOOC baptisée Kepler a été conçue par la petite ONG Génération Rwanda pour 2 000 dollars, avec l'ambition de descendre à 1 000. Une classe pilote conçue avec l'université écossaise d'Édimbourg a déjà été testée. Kepler a reçu près de trois mille demandes d'inscription ; six cents étudiants ont passé l'examen d'entrée ; deux cents ont été reçus. Ils vont suivre des cours délivrés par des enseignants d'excellent niveau et recevront le soutien, sous forme de tutorat, d'enseignants américains invités à Kigali, la capitale rwandaise. Kepler prévoit de délivrer à terme des diplômes en commerce, sciences informatiques et ingénierie, toujours en s'appuyant sur de grandes institutions étrangères.

Publiques ou privées, les principales plates-formes de MOOC ambitionnent de participer à ce formidable mouvement de diffusion du savoir.

Daphne Koller, professeur à Stanford et cofondatrice de Coursera, a enregistré une conférence TED visionnée plus d'un million de fois dans laquelle elle affirme : « Le prochain Einstein ou le prochain Steve Jobs vit peut-être dans quelque village africain perdu. Si nous pouvons lui apporter une bonne éducation, peut-être pourra-t-il faire émerger la prochaine grande idée qui rendra le monde meilleur pour chacun d'entre nous. » Une ambition sympathique qui, au moins dans un premier temps, se heurtera à la réalité de la situation dans les pays en voie de développement. « Enseigner la science informatique à des personnes qui ne sont pas familières des ordinateurs, c'est un peu apprendre à nager en lisant un livre de théorie sur la natation », explique en substance Michel Bézy, directeur associé d'un programme de l'université américaine Carnegie Mellon implantée à Kigali au Rwanda[1].

Les *success stories* existent pourtant, comme celle du jeune Amol Bhave, 17 ans, originaire de Jabalpur en Inde. À 16 ans, il suit avec succès un MOOC du MIT de Harvard consacré aux circuits électroniques sur la plate-forme EdX. Mais EdX ne propose pas la suite du cours. Avec des étudiants rencontrés sur les forums, il la conçoit, dans son coin, et la met en ligne, attirant mille cent étudiants. Quand il postule à Harvard, il met en avance cette expérience, ce qui lui vaut de passer la sélection haut la main. Amol Bhave demeure l'exception qui confirme la règle. Fils d'ingénieur, il avait un ordinateur avec un accès Internet à domicile et des parents susceptibles de l'aider, de l'encourager et de financer ses études secondaires, ce qui reste l'apanage d'une minorité d'Indiens, aujourd'hui encore.

Comment passer du cas particulier à une amélioration générale des systèmes éducatifs, notamment dans les pays pauvres ? Ce qui vaut sur un campus californien vaut dans la savane africaine : le système des MOOC ne changera les choses qu'à condition de s'articuler avec une offre d'enseignement présentiel, avec du tutorat et de l'accompagnement individualisé en chair et en os. Le projet Kepler ne s'envisage d'ailleurs pas autrement. Pour Jamie Hodari, le directeur de Génération Rwanda

1. *Ibid.*

et initiateur du projet, « l'idée de parachuter des MOOC sur l'Afrique sans autre soutien est une impasse. Beaucoup d'étudiants n'ont même jamais appris à se servir d'un ordinateur. Les choses les plus simples peuvent leur paraître complexes – lancer un logiciel, le fermer, parfois même taper sur le clavier. » Or l'Afrique, mais aussi des pays plus avancés comme l'Inde, peinent à recruter en nombre suffisant des enseignants correctement formés. Il y a donc encore loin de la coupe aux lèvres.

La révolution numérique ouvre néanmoins des perspectives inédites, ne serait-ce que par sa capacité à mobiliser les bonnes volontés dans les grandes universités du monde entier, où il n'est pas très compliqué de trouver des enseignants-chercheurs de haut niveau prêts à se mobiliser pour une bonne cause et pas – ou pas seulement – pour arrondir leurs fins de mois en vendant leurs cours afin que les multinationales optimisent leur *talent sourcing*.

La France ne manque pas d'atouts. Ses meilleurs diplômés sont courtisés de Shanghai à la baie de San Francisco en passant par Londres. D'un protectionnisme aussi jaloux quand il s'agit de matière grise que de poulet javellisé, les États-Unis ont même longtemps traîné des pieds avant de reconnaître que le diplôme d'ingénieur « à la française » se situe un cran au-dessus du diplôme d'*engineering* nord-américain (c'est chose faite depuis l'été 2013) – ce que les jeunes ingénieurs français et les entreprises américaines qui les emploient savent depuis longtemps. À tel point qu'on s'inquiète régulièrement d'une fuite des cerveaux qui virerait à l'hémorragie[1].

C'est oublier un peu vite que la France, elle aussi, exerce une forte attraction, que confirme la pourtant volontiers critique Cour des comptes dans son dernier rapport sur le financement de la recherche : « Avec plus de 45 % de ses publications en partenariat avec un laboratoire étranger en 2010, la France est le premier pays en matière de taux de collaboration, rang qu'elle occupait déjà en 2000. » Précision importante, notamment car elle ne reflète pas ce que l'on constate au niveau des masters et doctorats : « Plus de la moitié des partenariats (57 %) le sont avec des États membres de l'Union européenne, et un quart (25,3 %) avec les États-Unis. » De quoi modérer un peu notre tendance au déclinisme et à l'autoflagellation. Reste que « plus on est diplômé, plus on s'expatrie. Le taux d'émigration est de 0,04 % pour les non diplômés, 0,4 % pour les bacheliers, 1,1 % pour les masters et 2,1 % pour les docteurs[2]. »

Quoi qu'il en soit, si la France ne passe pas la vitesse supérieure en matière d'attractivité internationale, d'autres prendront la place dans la gigantesque recomposition qui s'annonce aussi bien pour le recrutement

1. Ioanna Kohler, « Gone for Good ? Partis pour de bon ? », Institut Montaigne, novembre 2010. http://www.institutmontaigne.org/fr/publications/gone-good-partis-pour-de-bon-les-expatries-de-lenseignement-superieur-francais-aux-etats-unis#publication_content

2. David Larousserie et Hervé Morin, « Recherche : la France est-elle victime d'une fuite des cerveaux ? », *Le Monde*, 9 juillet 2013. http://www.lemonde.fr/enseignement-superieur/article/2013/07/09/recherche-la-france-est-elle-victime-d-une-fuite-des-cerveaux_3442654_1473692.html

des élites que pour la diffusion du savoir dans les pays pauvres. La francophonie peut, ici, jouer un rôle moteur, *a fortiori* si l'Afrique se révèle être le moteur de croissance mondiale que promettent certains experts – l'Agence universitaire de la francophonie œuvre en ce sens, comme en témoigne le livre blanc qu'elle a consacré au numérique éducatif dans l'enseignement supérieur, présenté en mai 2013 à Sao Paulo.

Car ce qui circule, ce qui se transmet dans une formation supérieure, ce ne sont pas seulement des savoirs et des techniques mais des valeurs, une vision du monde. *La Stratégie du choc*, film de Michael Winterbottom et Mat Whitecross basé sur le livre éponyme de Naomi Klein, montre ainsi comment, sur plusieurs décennies, les économistes ultralibéraux ont patiemment tissé leurs réseaux d'influence dans l'enseignement supérieur américain. Résultat, leur mode de pensée irrigue et sous-tend les décisions prises de la Maison-Blanche à la banque Goldman Sachs, en passant par les gouvernements européens – Mario Monti, président du Conseil italien de 2011 à 2013, est diplômé de Yale et a travaillé pour Goldman Sachs ; Lucas Papademos, Premier ministre grec, a étudié à Boston et enseigné à Columbia…

Cette guerre d'influence intellectuelle et conceptuelle est stratégique. Raison pour laquelle, en France comme aux États-Unis, les mesures visant à limiter l'entrée et le séjour des étrangers suscitent de farouches levées de boucliers du monde universitaire – George W. Bush l'a vécu après le déclenchement de sa « guerre contre la terreur », Nicolas Sarkozy avec la circulaire Guéant.

Mais cette bataille d'influence se joue aussi à coups de dollars, d'aide militaire, de contrats industriels, de *hard power* – par opposition au *soft power*, ce pouvoir « doux » théorisé par le politologue Joseph Nye[1], pouvoir d'influence porté par le cinéma, la littérature ou l'enseignement, d'un mot par la culture, afin d'agir sur les représentations, de susciter une empathie pour un modèle de civilisation. Car sous ses dehors sympathiques et, sur le papier, accessible à tous, le *soft power*, s'il veut avoir quelque effet, ne peut qu'être le supplétif du *hard power*.

Et cessons de nous raconter des histoires sur la gentille francophonie menacée par la méchante langue anglaise : si des pays non francophones voici deux siècles ont appris le français, ce n'est pas pour pouvoir lire Montaigne dans le texte mais parce que cela leur a été imposé par la force du fusil puis du pouvoir économique et politico-administratif. Au moins, si des centaines de milliers de personnes, françaises notamment, se précipitent aujourd'hui dans la Silicon Valley pour étudier ou entreprendre, ce n'est pas contraintes par une puissance militaire mais parce qu'une industrie florissante et innovante les y accueille.

Rendons la France attractive, ouverte à l'esprit d'entreprise, et surtout, à tous les étages du système, libérons l'imagination.

1. Joseph S. Nye, *Bound to Lead : The Changing Nature of American Power*, Basic Books, 1991.

7

Imagine

L'art et les artistes sont les passagers clandestins du système éducatif. En ce domaine, la France n'essaie même pas de donner le change en réunissant au sein des mêmes établissements, au moins formellement, distinction des élites et formation du plus grand nombre. L'enseignement des arts plastiques et de la musique est réduit à la portion congrue et disparaît, sauf sous forme d'option, à la fin du collège. Vous souhaitez que votre enfant se perfectionne en dessin, musique, danse, théâtre, sculpture ? Merci de chercher à l'extérieur, dans des structures généralement sélectives dépendant des collectivités territoriales ou du ministère de la Culture comme les conservatoires, ou, si vous en avez les moyens, dans le privé. Et ce qui est vrai avant le bac le demeure après.

La fréquentation assidue d'un art produit pourtant des effets tangibles qui excèdent largement ce que l'on acquiert strictement en le pratiquant. Trois années durant, j'ai animé sur France Musique une émission baptisée *Les Enfants de la musique* – avec la complicité de Dominique Boutel, grande spécialiste de la pédagogie de la musique. Nous accueillions des personnalités de tous horizons ayant pour seul point commun d'avoir pratiqué un instrument – ou le chant – de manière régulière, parfois intensive, pendant l'enfance et l'adolescence. Il fallait les entendre, les politiques comme Pierre Joxe ou Nathalie Kosciusko-Morizet, les hauts fonctionnaires comme Martin Hirsch, Henri Loyrette ou Claude Thélot, les acteurs comme Stanislas Merhar ou Marie-Christine Barrault, les metteurs en scène comme Coline Serreau, les écrivains comme Michel del Castillo, Florence Noiville ou Éric-Emmanuel Schmitt, les photographes comme Lucien Clergue, les savants comme Jean-Pierre Luminet, Wendelin Werner ou Yves Quéré, les journalistes comme Laurent Joffrin, Claude Imbert ou Judith Perrignon et tant d'autres (en trois ans nous avons accueilli plus de cent vingt personnalités), il fallait les entendre analyser tout ce que la pratique d'un instrument leur avait apporté : le sens du travail, la rigueur, l'exigence, l'attention aux autres et le sens du collectif dans le cadre de la pratique chorale ou orchestrale, l'humilité, une porte d'entrée qui vers la culture classique via Mozart, qui vers le romantisme via Schubert, qui vers la contestation via Janis Joplin… Lorsque je les interrogeais, tous, sur le ressort de leur motivation, sur ce qui leur avait donné le courage d'enchaîner gammes et arpèges, études et vocalises, à l'heure où leurs camarades s'amusaient ou regardaient la télé, tous eurent la même réponse : le plaisir, la rencontre physique, charnelle, avec le beau.

En musique, on n'oppose pas, comme en matière scolaire, les affres d'une pédagogie de la répétition et du par cœur aux délices d'une pédagogie du désir et du plaisir. Car l'une ne va pas sans l'autre et il ne viendrait à personne l'idée de nier que la première est la condition de la seconde, ni de contester que sans la promesse de la seconde nul ne s'infligerait les contingences de la première. Le sport porte la même logique : le plaisir du jeu et, au besoin, celui de la gagne demeurent hors de portée si l'on n'a pas consenti les heures d'entraînement qui permettent d'y accéder.

Cette approche doit-elle rester à la porte des écoles, collèges et lycées ? J'ai un jour posé la question à l'antenne à Xavier Darcos, brillant organiste et mélomane érudit, alors ministre de l'Éducation nationale empêtré dans un énième projet de réforme du lycée. Il venait, à son tour, de vanter les miracles que le plaisir produit sur la rigueur des apprentissages. Pourquoi ne pas faire de cette conviction le socle de la réforme, pourquoi ne pas instaurer un lycée du plaisir d'apprendre ? « Cela ne ferait pas sérieux », répondit Xavier Darcos. Tout était dit.

Ces cent vingt rencontres radiophoniques furent en revanche sans appel quant au caractère prodigieusement élitiste de cette culture et il nous fallait une énergie farouche pour trouver nos invités ailleurs que parmi les rejetons de milieux culturellement privilégiés – ces familles bourgeoises où traîne et trône encore dans le salon un bon vieux quart de queue Pleyel et dans lesquelles la pratique musicale fait partie des fondamentaux de la bonne éducation ; ces familles artistes ou bohèmes où l'on se réunit pour jouer ou chanter le jazz et la chanson française ; ces vieilles familles protestantes communiant d'un même élan dans la foi et les arias de Bach... Oui, il fut difficile de trouver des exceptions à la règle.

Plus grave : je crois bien qu'en trois ans aucun invité n'a attribué sa rencontre avec la musique aux cours qu'il avait suivis à l'école ou au collège, à la notable exception de la rockeuse Mademoiselle K., ce qui ne laissa pas de me surprendre. Quand l'école néglige ses devoirs en matière artistique et culturelle, quand elle se révèle inapte à donner le goût de la musique, des arts plastiques, de la danse, du théâtre, ce sont une fois encore les mêmes qui restent au bord de la route – les élites trouvent tout ce qu'il faut à la maison et dans leur entourage.

Les choses ont pourtant évolué et il existe, partout en France, de formidables initiatives en matière artistique, comme « Dix mois d'école et d'opéra », qui permet depuis plus de vingt ans à des élèves de zone d'éducation prioritaire de pénétrer le Saint des Saints des opéras Garnier et Bastille. Que ne sont-elles mieux diffusées ? Que n'entrent-elles au cœur des obligations de l'institution ?

Pourquoi les réserver aux élites, si ce n'est pour protéger, une fois encore, le modèle élitiste et en faire des instruments de discrimination sociale au même titre que savoir se tenir à table et choisir un (bon) vin au restaurant, toutes compétences qui, le jour venu, feront la différence entre ceux qui en sont et ceux qui n'en sont pas ? Cette négligence est d'autant plus coupable que l'art et la création sont au cœur des défis du XXIe siècle. Avec les lettres et sciences humaines, ils s'intéressent à la production de symboles, d'émotions, de représentations, ils explorent le sens par les sens. Et permettent de produire de la valeur.

L'art, la création, les humanités ne sont en effet pas seulement au cœur d'industries dédiées (la musique, le cinéma, l'édition, le jeu vidéo). Ils jouent aussi un rôle déterminant dans le comportement du consommateur comme du citoyen. Que serait Apple sans ses designers, capables d'allier ergonomie, élégance et contingences technologiques ? Que serait Nike sans sa signature en forme de virgule, essence du logo, qui suffit à faire sens sans recours à d'autres signes ? Peugeot aurait-elle sorti la tête de l'eau sans le génie du designer automobile italien Sergio Pininfarina ? Comment organiserait-on la circulation quotidienne de milliards de personnes dans des gares, aéroports, métros, sans le secours de codes visuels simples et efficaces ? Derrière chaque objet, il y a un geste de design, un acte créatif, destiné à produire du confort d'utilisation et, autant que faire se peut, du beau.

Au-delà de l'effet de mode, le *design thinking* formalise le fait que l'innovation et la production, dans quelque domaine que ce soit, ont besoin de toutes les intelligences, de toutes les compétences, et induit l'idée que nous avons tous besoin les uns des autres, que la solidarité qui nous unit ne relève pas seulement d'une exigence citoyenne abstraite mais de ce qui nous relie en tant que producteurs et consommateurs d'idées, de biens et de services.

Ce n'est pas le message que porte notre système éducatif, qui s'épuise à classer, trier, séparer, hiérarchiser, mais aussi à affirmer que l'intelligence de l'esprit prime celle du corps, que la déduction prime l'induction ou l'intuition, que le beau relève du supplément d'âme et non d'un universel que chacun peut éprouver. Cette école prétend former des citoyens, elle prépare des consommateurs obéissants et, le cas échéant, frustrés de ne pouvoir accéder à tous les biens qui sont promis à leur désir par la publicité.

À sa décharge, l'école doit lutter contre des industries du divertissement toujours plus envahissantes et des pratiques sociales toujours plus addictives. Médecins, psychologues et spécialistes des neurosciences l'expliquent très bien : on ne détache pas un adolescent de sa console de jeux vidéo, de son réseau social favori ou de sa consommation de cannabis sans comprendre qu'il y trouve, avant tout, du plaisir, sans admettre que, pour lui, « c'est bon » et que ça l'est d'autant plus que ces plaisirs sont simples, immédiats, n'exigent aucun effort particulier. Il est à l'évidence bien plus difficile aujourd'hui qu'il y a trente ans de faire comprendre que le plaisir peut se construire dans le temps, d'offrir des activités scolaires dont l'attrait concurrence l'emprise du désir de satisfaction instantanée, d'aider l'enfant et l'adolescent à mettre à distance ses pulsions – ce n'est pas un hasard si les deux activités qui dominent, et de très loin, l'activité et le chiffre d'affaires sur Internet ont à voir avec le sexe et le jeu.

L'école ne peut plus se contenter d'opposer à ces sollicitations puissantes et riantes un visage austère, un masque de souffrance. Elle doit s'interroger sur la façon de susciter le désir d'apprendre qui mènera au plaisir de savoir et de savoir faire. Le numérique peut constituer un support formidable pour cela, à condition de ne le considérer ni comme la solution à tous les problèmes, ni comme l'ennemi à abattre (au passage : ceux qui condamnent le recours au numérique au motif des dérapages qu'il peut induire ont la mémoire courte et sélective car on les entend rarement condamner l'imprimerie au motif qu'elle a permis l'édition d'ouvrages comme *Mein Kampf* ou *Le Protocole des sages de Sion*). La piste de la *gamification* de certains enseignements est également à suivre : les *serious games* offrent désormais des possibilités éprouvées d'améliorer les apprentissages dès lors qu'ils sont utilisés à bon escient, par des enseignants qui savent pourquoi ils s'en servent et comment s'en servir, comme à l'école new-yorkaise Quest to Learn, créée en 2009 à partir de travaux d'une agence de *game designers* sur l'usage des jeux sérieux en éducation[1].

Si le service public, de la maternelle au doctorat, ne se saisit pas de ces enjeux, il en paiera le prix. Car le privé, lui, ne va pas se gêner pour s'emparer du secteur de l'éducation. Le numérique aura sur ce secteur le même effet que sur d'autres segments de la culture : il va faire plonger les prix et abattre la principale barrière dont l'Éducation nationale bénéficie pour empêcher le privé de se développer dans le primaire et le secondaire comme il l'a fait dans l'enseignement supérieur. Pour l'heure, les familles ont en effet le choix entre le public (80 % des effectifs), le privé sous contrat dont le ministère contrôle les programmes et, pour une part, les

1. « Quest to learn », www.instituteofplay.org. http://www.instituteofplay.org/work/projects/quest-schools/quest-to-learn/

méthodes, et le privé hors contrat, très cher et de ce fait archiminoritaire. Que les prix baissent dans ce dernier secteur, et il n'y a pas de raison que certaines familles ne le considèrent pas comme un choix possible.

Le marché est mûr pour cela. Des centaines de milliers d'élèves suivent déjà chaque année des cours particuliers qui représentent un investissement annuel supérieur au coût d'une scolarité dans le privé sous contrat. Faites la preuve que votre dispositif donne de bons, voire de meilleurs résultats aux examens nationaux, et votre fortune sera faite. Les collectivités territoriales finiront par s'intéresser à votre cas et par réclamer la possibilité de vous financer au-delà de la limite que consent aujourd'hui la loi Falloux (10 % des dépenses d'investissement au maximum). Et contrairement à ce qui s'est produit en 1994, quand des centaines de milliers de manifestants s'opposèrent à une tentative de ce genre, vous bénéficierez peut-être du soutien de familles estimant que leurs impôts locaux ne sont pas moins utiles investis dans votre établissement que dans des établissements publics produisant des résultats équivalents mais à coût supérieur.

Cette révolution ne s'accomplira pas en un jour. De la même façon que la voiture sans conducteur (*Google Car*) est encore loin de s'imposer sur les routes, ces approches pédagogiques radicalement différentes ne convaincront pas facilement.

Mais à force de ne pas entendre et valoriser celles et ceux qui, en son sein, innovent, l'Éducation nationale risque le même destin que Kodak. Même si comparaison n'est pas raison, le parallèle est amusant. 1880 : Jules Ferry pose les bases de l'école républicaine avec une série de lois instaurant l'obligation, la gratuité et la laïcité. 1881 : George Eastman fonde ce qui va devenir une des entreprises les plus célèbres du XXe siècle, Kodak. 2013 : l'école républicaine subit depuis quarante ans une crise dont nul ne sait l'issue ; la compagnie Kodak, elle, n'est plus que l'ombre méconnaissable du géant qu'elle fut. C'est ce qui guette, symboliquement, socialement, moralement, l'école républicaine.

Kodak avait pourtant inventé l'appareil photo numérique dès 1975. Mais elle n'avait pas développé cette innovation, incapable tout à la fois d'anticiper la révolution informatique naissante – les premiers ordinateurs personnels datent de cette époque – et d'imaginer un *business model* différent de celui qui avait fait sa fortune : vendre des appareils photo à prix cassés, les fameux Instamatic, pour inciter le public à acheter des pellicules sur lesquelles Kodak pratiquait des marges tellement juteuses qu'un de ses PDG avait affirmé qu'il ne connaissait pas de business plus rentable, en dehors du trafic de stupéfiants. Kodak n'en était pas à son premier raté. L'entreprise avait déjà laissé filer Edwin Land et Chester Carlson, respectivement inventeurs du Polaroid et de la photocopieuse (au grand bonheur de Xerox, qui développa le procédé). Au total, en un peu plus d'un siècle, les ingénieurs de Kodak ont déposé 19 000 brevets. On peut donc être innovant et disparaître. Car en tant que telles, l'innovation, la volonté, l'imagination ne valent pas grand-chose si elles sont cantonnées à la marge du système et ne parviennent pas à en ébranler les fondements.

C'est exactement ce qui menace l'école.

Mais s'il a fallu trente-cinq ans à Kodak pour payer le prix de son incapacité à prendre le virage numérique qu'elle avait pourtant anticipé, les choses iront beaucoup plus vite en matière d'éducation car l'enjeu est bien plus névralgique pour les individus et les sociétés. Sans réaction de l'État, se dessinerait alors un paysage éducatif comparable à celui que l'on observe dans certains pays d'Amérique latine, avec un secteur privé florissant formant les enfants d'une minorité d'élites mondialisées richement dotées et un secteur public condamné à accueillir la masse de ceux qui ne peuvent pas payer – c'est, aujourd'hui, le schéma qui vaut déjà pour une partie de l'enseignement supérieur.

Comme Kodak en 1975, l'école et l'université ne manquent pas d'atouts – le premier d'entre eux étant d'être à l'origine des innovations technologiques et pédagogiques dont nous avons parlé. Elles recèlent aussi, répétons-le, une somme d'énergies, de compétences et d'intelligences qui, habilement motivées et animées, pourraient leur permettre de négocier le virage sans encombre. Mais pour cela il faudra toucher au cœur du modèle – tout ce qui permet aujourd'hui à la méritocratie élitiste soi-disant égalitaire de damer le pion à l'école démocratique : les programmes, le statut des enseignants, leur formation, les méthodes pédagogiques, l'organisation des filières... Cela ne pourra se faire qu'en tirant l'ensemble du système vers le haut pour tisser une confiance renouvelée entre les Français et leur service public d'éducation, seule façon d'éviter le sentiment, prégnant, d'une diminution des exigences, qui alimente la « course à l'armement scolaire » – expression tirée du manifeste de l'Afev – et conforte chaque année un peu plus l'élitisme mono-colore du système et la reproduction sociale.

L'Éducation nationale sera-t-elle capable de se réformer ? Les principaux bénéficiaires du système actuel étant les cadres et les enseignants, dont les enfants surperforment nettement, le doute est permis. À moins que la révolution ne vienne par la base, hypothèse à laquelle veulent croire des chercheurs comme l'Anglais Ken Robinson[1] ou l'historien Antoine Prost qui, au terme d'une ample fresque couvrant les années 1936-2012[2], conclut que le système n'a guère d'alternative que d'imploser sous la puissance de ses contradictions ou de se réinventer en faisant confiance aux enseignants.

---

1. Ken Robinson, « La révolution éducative viendra par la base », *L'Express*, 2 octobre 2013.
2. Antoine Prost, *Du changement dans l'école*, Seuil, 2013.

8

L'école et le syndrome Kodak

Tétanisée par la mythologie égalitariste, l'Éducation nationale n'a jamais su résoudre le cas des élèves issus de zones défavorisées, qui exigent une prise en charge réellement différenciée, mais surtout une façon de travailler qui ne colle pas avec l'actuel statut des enseignants (un corpus de textes administratifs datant pour partie des années 1950 vaguement toiletté début 2014). À sa décharge, elle n'est pas la seule : tous les pays sont confrontés à ce défi et, à ce jour, aucun n'a découvert la pierre philosophale. Mais certains font mieux que nous, parfois nettement, pour diminuer l'écart entre « très bons » et « très mauvais » (je mets entre guillemets : il faudrait pouvoir débattre – et cela ferait l'objet d'un livre – de ce qu'on place sous ces expressions, par ailleurs lestées de morale judéo-chrétienne). L'effort consenti depuis 1982 en faveur des zones d'éducation prioritaire – plusieurs fois rebaptisées depuis, sans que cela change grand-chose – demeure ainsi notoirement insuffisant, en dépit de l'engagement individuel formidable des centaines de milliers d'enseignants dans les écoles, collèges et lycées.

Mais pour ce qui est de l'accès aux études supérieures, une fois encore c'est le privé qui, le premier, a pris l'initiative quand Richard Descoings a lancé ses conventions ZEP à Sciences Po Paris (contrairement aux apparences et bien que son financement soit majoritairement public, Sciences Po appartient à une fondation de droit privé). Le projet consistait à identifier, dans les lycées, des élèves à fort potentiel mais qui, en l'état, n'auraient pas accès à la prestigieuse école de la rue Saint-Guillaume. Sélectionnés et coachés, ils passent un concours adapté. Une fois reçus, ils bénéficient d'un accompagnement personnalisé. Avec plus de dix ans de recul, le bilan est à la fois positif et négatif. Positif au niveau individuel : les centaines de jeunes entrés via cette procédure ont ensuite suivi une scolarité normale à Sciences Po. Négatif au plan collectif : cette initiative n'a pas empêché Sciences Po, dont le tarif a par ailleurs explosé, de rester un bastion de CSP+.

Pour mesurer l'attachement français au modèle élitiste, il faut se souvenir du tollé qui agita jusqu'aux bancs de l'Assemblée nationale lors de la création de ces conventions : la droite dénonçait une rupture de l'égalité devant les concours et la gauche, fidèle à sa ligne, reprochait au système de ne concerner qu'une poignée de lycées et de ne pas être généralisable. Dit autrement : s'il n'y a pas assez de canots de sauvetage sur le *Titanic*, mieux vaut éviter de les utiliser et laisser tout le monde se noyer afin de ne pas créer d'inégalités sachant que – miracle ! – il y aura toujours assez de canots pour les premières classes (et les premiers de la classe). C'est le même raisonnement qui a conduit l'Éducation nationale à annoncer la fin de l'expérience de l'internat d'excellence de Sourdun, initiée par Jean-Michel Blanquer, actuel directeur de l'Essec, alors recteur de l'académie de Créteil. Cette expérience était jugée coupable de coûter trop cher – accusation rarement portée, au sein du système, contre les classes préparatoires –, alors même qu'un rapport[1] établi de manière indépendante par l'économiste Marc Gurgand montrait que ce dispositif fonctionnait aussi bien en mathématiques que si les élèves avaient bénéficié d'un enseignement en classes dédoublées, autrement coûteux et, pour le coup, impossible à généraliser.

Secouée par l'expérience des conventions ZEP, la Conférence des grandes écoles avait rapidement réagi, en décidant de généraliser un autre dispositif, lui aussi privé, initié à la même époque par l'Essec, grande école de commerce : « Une grande école, pourquoi pas moi ? » La philosophie du programme est très différente de celle des conventions de Sciences Po. Il ne s'agit pas de faire entrer directement les élèves dans une grande école via une procédure adaptée mais, au contraire, de les coacher afin qu'ils aient une chance d'entrer par la voie classique. D'autres dispositifs poursuivant le même objectif ont vu le jour comme le PEI

1. « Les effets de l'internat d'excellence de Sourdun sur les élèves bénéficiaires : résultats d'une expérience contrôlée », J-Pal et IPP, avril 2013.

de Sciences Po Lille, établissement public cette fois et sélectif, porté par son directeur, le bouillonnant Pierre Mathiot. Ce sont ces expériences, privées à l'origine, que l'Éducation nationale a récupérées sous l'étiquette « cordées de la réussite », brocardées par le même Pierre Mathiot sous l'appellation « cordelettes de la réussite », tant la réponse publique aux questions d'ouverture sociale reste timide.

Simultanément, de nombreuses fondations ont choisi de développer leurs actions en matière de soutien scolaire – Culture et Diversité (Marc Ladreit de Lacharrière), Frateli, TF1, etc. –, notamment à travers des systèmes de parrainage de jeunes issus des quartiers.

Une autre initiative a vu le jour sous l'impulsion de Martin Hirsch, ancien haut-commissaire à la jeunesse, alors directeur de l'Agence du service civique. Sous l'égide d'une fondation adossée à l'Agence et en partie financée par des fonds privés, Martin Hirsch a créé l'Institut du service civique. Il s'agit d'une école sans murs qui permet à des jeunes ayant effectué leur service civique d'entrer dans des grandes écoles même s'ils n'ont pas tous les diplômes requis. Chaque année, les jeunes qui terminent leur service civique et souhaitent compléter leur cursus sont invités à remplir un dossier mettant en valeur ce qu'ils ont accompli durant cette période d'engagement. Ce ne sont pas les bonnes (ou mauvaises…) notes décrochées au cours des études qui sont prises en compte, mais l'efficacité de leur action, leur degré d'engagement. Sélectionnés par un jury, les plus convaincants gagnent le droit d'intégrer les grandes écoles partenaires. Cette initiative vient elle aussi s'opposer au modèle élitiste de l'Éducation nationale, celui du tri social indexé sur la valeur des jeunes sur le marché scolaire. Et prouve, s'il le fallait, que le système traditionnel est incapable d'identifier et de valoriser des milliers de jeunes, dès lors qu'ils ne se fondent pas dans l'unique moule d'excellence qui leur est proposé de la maternelle au baccalauréat.

La France n'est pas une exception. Lors du Wise 2013 de Doha, les initiatives les plus spectaculaires ou les plus disruptives en faveur de l'éducation pour tous ont été présentées non par des États mais par des entrepreneurs sociaux ou des ONG. Comme si les systèmes officiels étaient incapables de revoir leur logiciel, et ce bien que lesdites initiatives alternatives existent, avec succès, depuis des années. Selon l'économiste française Esther Duflo, du MIT, citée par Maryline Baumard, la problématique est mondiale : « L'école des pays pauvres est élitiste à un degré inimaginable. Bien plus que celle des pays développés. Cet élitisme a un ancrage historique. Il faut bien comprendre que ces institutions ont été créées pour qu'émerge une élite indigène qui pourrait seconder l'administration locale mise en place par les colonies ; pas pour former les masses[1]. »

L'organisation Friends International, fondée en 1994 au Cambodge par le Français Sébastien Marot, forme ainsi chaque année vingt-cinq mille enfants des rues aux métiers de la restauration, de la coiffure, de

1. Maryline Baumard, *La France enfin première de la classe*, Fayard, 2013.

la mécanique… Le programme Educate !, lancé par l'Américain Eric Glustrom en 2003, alors qu'il n'était âgé que de 17 ans, emploie cinquante-cinq personnes ; il a permis l'an passé à plus d'un millier de lycéens ougandais de créer 632 entreprises et de gagner, à 18 ans, l'équivalent du salaire moyen dans le pays. Sans parler de la fondation Escuela Nueva de la colombienne Vicky Colbert, lauréate du prix Wise 2013, qui se présente comme le « Nobel de l'éducation ». Créée en 1974, cette fondation a permis de scolariser cinq millions d'enfants pauvres, issus majoritairement de zones rurales isolées.

Partout dans le monde, le changement en éducation est plus souvent porté par des entrepreneurs sociaux ou des fondations que par des acteurs issus du monde de l'éducation – voir à ce propos les pedigrees des précédents récipiendaires du prix Wise, Madhav Chavan, cofondateur de l'ONG indienne Pratham, et Fazle Hasan Abed, fondateur du Bangladesh Rural Advancement Committee (BRAC). Du côté des fondations, des *moguls* de l'industrie des technologies ou du divertissement se passionnent pour l'éducation, de Bill Gates et sa Bill and Melinda Gates Foundation à George Lucas, le père de *La Guerre des étoiles*, avec la George Lucas Educational Foundation et le projet Edutopia[1], qui agrège et diffuse les bonnes pratiques pédagogiques.

Revenons en France. Que veut-on montrer ? Trois choses. D'abord, que nombre des initiatives les plus

1. www.edutopia.org

significatives pour faire fonctionner l'ascenseur social, depuis quinze ans, sont venues du privé ou de l'entrepreneuriat social – pour paraphraser la fameuse réplique : l'Éducation nationale n'a pas le « monopole du cœur ». Ensuite, que la réussite de ces initiatives n'a à aucun moment convaincu l'Éducation nationale d'entreprendre, en interne, les réformes qui permettraient de limiter la casse – essentiellement au niveau du collège. Enfin, que le mythe égalitariste a de beaux jours devant lui ; à se demander s'il n'est pas une invention des élites, soucieuses de protéger leurs intérêts, tant il dessert ceux qu'il est censé protéger, avec la complicité fidèle et inexpugnable d'une partie du syndicalisme enseignant et étudiant.

Cela n'a pas empêché les choses de se faire. Tout au plus le mouvement a-t-il été ralenti. Mais quand on connaît tout l'investissement des enseignants et des personnels éducatifs dans les collèges et lycées de l'éducation prioritaire, cette absence de réforme est scandaleuse.

Car les énergies sont là.

Prenez ce collège comme il en existe une centaine en France. Situé au cœur d'une cité de Seine-Saint-Denis, ultime présence du service public, il cumule les handicaps. Lorsque je l'ai visité il y a près de quinze ans, il bénéficiait des attentions d'un énième plan de lutte contre la violence. J'ai eu récemment de ses nouvelles. La situation, me dit-on, a empiré. Inutilité de l'action publique ? Vanité des efforts consentis ? Inefficacité des personnels ? Non. Car, dans l'intervalle, les populations ont changé : les enfants d'immigrés maghrébins du début des années 1990 ont cédé la place aux enfants des guerres africaines et balkaniques. Les familles des premiers ont réussi à quitter le quartier, en un mouvement courant dans le département – dès qu'elles en ont les moyens, elles désertent le 93 (la Seine-Saint-Denis) pour le 94 (le Val-de-Marne). Preuve que les efforts accomplis n'ont pas été inutiles : les adolescents que ce collège a menés jusqu'au lycée professionnel pour certains (plutôt les garçons), technologique pour d'autres (plutôt les filles), en général pour une minorité, ces adolescents devenus adultes bénéficient d'une situation un peu moins mauvaise que leurs parents. Certains ont poussé jusqu'au BTS ou au-delà, ont trouvé un emploi stable. Ils ont été remplacés, dans le quartier, par d'autres populations, plus fragiles encore, et cela altère forcément le climat scolaire, qui s'est durci. Mais le collège continue de les accueillir. Et, pour certains, il permettra les mêmes évolutions qu'il y a quinze ans.

Partout en France des enseignants innovent, avec ou sans le numérique. Philippe Bonnard est professeur des écoles à Raon-l'Étape, dans les Vosges. Il a inventé une méthode d'apprentissage de l'allemand en école élémentaire, à base de récits, de chansons, de bandes dessinées, de mises en situation variées. Elle est déjà utilisée dans près de trois cents classes, et pas seulement dans les zones frontalières de sa région, où la familiarité avec l'allemand est plus grande qu'ailleurs. Christelle Thiriet enseigne l'histoire et la géographie au collège Gabriel-Séailles de Vic-Fezensac, dans le Gers. Avec deux collègues, elle a été à l'origine du projet « Envie d'apprendre », dont une des conséquences les plus spectaculaires a été l'abandon des notes au profit d'évaluations beaucoup plus variées, une approche par compétences qui, petit à petit, a changé la façon d'enseigner. Au lancement du projet, 20 % des élèves quittaient le collège en fin de quatrième ; ils ne sont plus que 6 %, et le taux de réussite au brevet a augmenté. Thierry De Rago est professeur de mathématiques au lycée Henri-Parriat de Montceau-les-Mines, en Saône-et-Loire. Il enseigne dans une classe préparatoire aux grandes écoles scientifiques qui n'accueille que des élèves issus de baccalauréats professionnels industriels. L'an passé, treize des quatorze élèves ont intégré une grande école d'ingénieurs. Son taux de réussite (93 %) correspond à peu de choses près au taux d'échec de ces mêmes bacheliers à l'université.

Quelques exemples parmi bien d'autres : à tous les étages du système, des enseignants innovent, testent, imaginent des dispositifs au plus près des besoins de leurs élèves, accomplissent des petits miracles au quotidien. Ils sont l'espoir, peut-être le seul espoir, d'une école qui, en tant qu'institution, semble incapable de se repenser.

C'est à de tels enseignants que songe sans doute l'historien Antoine Prost au terme de la passionnante fresque qu'il consacre aux grandes évolutions du système depuis Jean Zay[1]. Sa conclusion s'offre en deux temps. Le premier, pessimiste, décrit la radicalisation des différents acteurs du changement (parmi les politiques, les enseignants, dans l'opinion publique, etc.), « configuration

1. Antoine Prost, *Du changement dans l'école*, *op. cit.*

nouvelle qui restreint drastiquement l'espace possible d'une réforme de l'éducation ». Le second, plus optimiste, estime que le changement adviendra car il est une « nécessité » : « Les professeurs sont condamnés à vivre avec leurs élèves, écrit-il, et je ne crois pas qu'ils renoncent un jour à leurs exigences [...]. Beaucoup se passionnent pour relever le défi. Par la force des choses, se définit ainsi peu à peu une façon d'enseigner autrement, en laquelle je veux espérer. »

On est donc loin du grand soir pédagogique, de la réforme baguette magique qui résout tous les problèmes, mais l'action publique n'est pas vaine. Si l'on mentionne toujours les mêmes collèges dans les reportages sur les établissements en difficulté, ce n'est pas parce qu'il ne s'y passe rien d'utile mais parce que ces collèges sont entièrement tributaires de la composition de leur bassin de recrutement. Tant que ces zones ne sortiront pas de la précarité, parfois de l'extrême pauvreté, leurs collèges n'en sortiront pas non plus.

Question : puisque l'on sait que ces établissements sont durablement dédiés à l'accueil de populations en détresse, en fait-on assez pour aider les personnels sur le long terme ? À l'évidence, non. S'appuie-t-on sur les quelques réussites qu'ils connaissent pour en tirer des leçons et tenter de les reproduire ? Rarement. Sont-ils dotés d'équipes étoffées et stables d'assistantes sociales, de médecins scolaires, de psychologues, de surveillants ? La police y effectue-t-elle le travail de prévention et de proximité qui procure le sentiment de sécurité et, partant, de confiance, indispensable pour assurer la sérénité du présent et donner quelque consistance aux projets d'avenir ? Insuffisamment, là encore. À chaque flambée de violence en banlieue, on écrit et diffuse les mêmes reportages, et l'on s'étonne qu'au fil des ans les habitants de ces quartiers aient appris à ne rien croire des promesses qui leur sont faites un soir d'émeutes, sur fond de voitures embrasées.

La situation de ces établissements exigerait des mesures massives et ciblées, et pas les cautères sur jambe de bois posés jusque-là pour diminuer d'une ou deux unités la taille moyenne des classes. Là aussi, l'Éducation nationale, si elle n'est pas restée inerte, joue petit bras, entre autres à cause du refus syndical des mesures d'exception qui menacent le dogme égalitariste. Surtout, elle persiste à appliquer les mêmes canons, faisant mine d'ignorer que le problème vient ici de la structure même des programmes et des méthodes : si vous avez trente élèves qui maîtrisent mal la langue française dans une classe, vous ne résoudrez rien en diminuant la taille de la classe à vingt-quatre élèves. Ici, seule une attention par moments quasi individualisée permettrait de résoudre le problème.

Les méthodes existent, notamment via le numérique qui est redoutablement efficace pour aider à l'acquisition de savoirs techniques ou mécaniques. Mais ces innovations n'entrent qu'au compte-gouttes dans les établissements, alors qu'elles devraient les inonder. Elles coûtent cher ? Peut-être. Mais tellement moins que les conséquences sociales et économiques de l'échec scolaire. Elles ont été chiffrées par le prix Nobel d'économie James J. Heckman à partir de l'analyse du Perry Preschool Project. Créé en 1962 dans le Colorado, ce programme de soutien aux enfants et aux familles défavorisés aurait si bien fait ses preuves que chaque dollar investi pour assurer un minimum de bien-être à un enfant défavorisé aurait permis à la collectivité d'en économiser sept dans les trente-cinq années suivantes en dépenses d'insertion, de santé, de justice, etc.[1]

Rappelons en outre que la dépense par élève de l'éducation prioritaire demeure environ deux fois moins élevée que la dépense consentie en faveur des élites scolaires dans les classes préparatoires (80 400 élèves sont inscrits en classes préparatoires et bénéficient d'une dépense publique par élève qui excède largement celle consentie pour les 833 000 élèves inscrits dans un établissement de l'éducation prioritaire). Comme n'importe quelle entreprise, l'Éducation nationale surinvestit dans les produits qui confortent son *business model.* Mais elle oublie que le secret du succès réside dans la recherche et le développement, dans la capacité à innover.

Pour ce faire, il faudrait que l'Éducation nationale croie aux vertus de la formation. Ce n'est pas le cas. Un enseignant peut traverser les quarante années de sa vie professionnelle sans jamais avoir actualisé ses savoirs et compétences autrement que par la pratique et les discussions entre collègues (et encore, quand elles portent sur la pédagogie, qui n'est pas le sujet dominant en salle des professeurs). Confieriez-vous votre santé à

1. James J. Heckman, Seong Hyeok Moon, Rodrigo Pinto, Peter A. Savelyev et Adam Yavitz, *The Rate of Return to the High / Scope Perry Preschool Program*, www.nber.org, novembre 2009. http://www.nber.org/papers/w15471

un médecin qui n'aurait pas eu l'obligation de se tenir au fait des découvertes de la science depuis vingt ans ? Probablement pas. Vous acceptez pourtant de confier vos enfants à des professeurs que rien n'oblige à une telle démarche, d'où la vigueur de certains remèdes de grand-mère.

S'ils n'en ont pas pris la décision individuellement, rien ne les a contraints à mettre à jour leurs connaissances en matière de pédagogie, de sciences cognitives ou de psychologie de l'enfant et de l'adolescent, domaines dans lesquels la science a pourtant accompli des progrès notables depuis vingt ans.

Nombre de ces recherches aboutissent à des résultats contre-intuitifs assez simples à expliquer et qui éviteraient bien des catastrophes pédagogiques. Je pense par exemple aux travaux menés par Jean-Marc Monteil et Pascal Huguet autour de l'influence du contexte sur les apprentissages[1]. Certains montrent que le regard des pairs peut constituer un obstacle beaucoup plus insurmontable qu'on l'imagine, d'autres que la puissance des représentations peut réellement paralyser un élève.

La journaliste du *Monde* Maryline Baumard, dans l'ouvrage aussi documenté que cinglant qu'elle a consacré à l'obscurantisme qui règne au sommet de l'État dans le domaine de la recherche en éducation[2], s'est demandé comment faisaient les pays qui obtenaient de meilleurs résultats que nous et, pour ce faire, s'est tournée vers les chercheurs – en économie, en psychologie,

1. Pascal Huguet et Jean-Marc Monteil, *Réussir ou échouer à l'école : une question de contexte ?*, Presses universitaires de Grenoble, 2002.
2. Maryline Baumard, *La France enfin première de la classe*, *op. cit.*

en neurosciences… L'on découvre ainsi au fil des pages que la famille Bush, notamment grâce à Jeb, ex-gouverneur de Floride, mais aussi grâce à George W., a permis aux États-Unis de repartir spectaculairement à la hausse dans les évaluations en lecture, en s'appuyant sur les résultats d'expérimentations réussies. Que les performances en mathématiques des petits Asiatiques ne doivent rien au hasard et beaucoup à une approche extrêmement méthodique des processus d'apprentissage et du fonctionnement du cerveau. Que des pays comme l'Inde ou le Kenya sont en train de trouver des solutions efficaces pour assurer l'éducation de base d'enfants au moins aussi éloignés des savoirs que les plus relégués des enfants pauvres dans l'Hexagone. Plus inquiétant encore à court terme : l'auteur avoue, en conclusion, que son enquête révèle « un clivage droite/gauche un peu à l'inverse de ce qu'on pourrait attendre », avec une droite plus attentive aux preuves scientifiques et une gauche portant sur la chose scolaire un regard totalement perverti par les considérations idéologiques – la première d'entre elles étant qu'un dispositif mis en place par la droite devait, par principe et, au besoin, contre toute évidence scientifique, être jeté à la poubelle.

A contrario, un mantra de gauche tel que la nécessité d'avoir plus de maîtres que de classes dans le primaire, par ailleurs extrêmement glouton en ressources publiques, peut être mis en œuvre alors qu'il n'existe, au niveau mondial, aucune preuve de son efficacité – certaines études tendraient même à montrer qu'il est contre-productif. Les choses ne risquent guère de changer, les apports de la recherche en éducation étant tout simplement absents des programmes de formation initiale et, surtout, continue. Quand la santé publique s'est convertie de longue date à l'*evidence based medicine* (la médecine fondée sur des preuves), l'éducation demeure étanche à la *brain based education* (éducation fondée sur le fonctionnement du cerveau) ou, plus généralement, à l'*evidence based education*.

Cette question de la formation continue est pourtant probablement bien plus stratégique que celle de la formation initiale : réformer la formation initiale permettra, en imaginant que cela fonctionne, de mettre devant les élèves 40 000 enseignants dignement formés chaque année. Avant qu'ils représentent ne serait-ce qu'un tiers des effectifs enseignants, quinze années au moins se seront écoulées ! Cette méthode est donc la plus longue pour faire changer les choses. Seule la combinaison d'une formation initiale *et* d'une formation continue robustes et efficaces pourra améliorer la situation.

Il y a urgence. Une carrière enseignante dure quarante ans. Les professeurs qui doivent encore quinze ans à l'Éducation nationale avant de prendre leur retraite ont effectué leurs premiers pas avant la diffusion massive de la micro-informatique ; ceux à qui il reste vingt ans ont étudié sans le web ; ceux qui partiront dans trente ans ont découvert les réseaux sociaux en donnant leurs premiers cours ; ceux qui débutent aujourd'hui n'ont probablement croisé que fort tard une imprimante 3D pendant leurs études… s'ils en ont croisé une. L'enjeu n'est pas seulement technologique. Toutes les disciplines évoluent, y compris les sciences humaines. Certains faits aujourd'hui admis par la communauté scientifique à propos de Vichy, de la guerre d'Algérie ou de la révolution industrielle ne l'étaient pas quand la majorité des professeurs qui enseignent actuellement l'histoire étaient étudiants.

L'Éducation nationale vit ainsi dans un ahurissant obscurantisme où les découvertes effectuées aussi bien dans le registre des savoirs disciplinaires que dans le champ des mécanismes d'apprentissage restent confinés à quelques revues scientifiques et réseaux informels (preuve supplémentaire que l'école, en tant qu'institution, ne se définit pas avant tout par le projet d'enseigner des choses aux enfants et aux adolescents).

Il faut dire que l'institution traverse une crise de confiance massive et muette – mais qui s'intéresse aux états d'âme d'une administration ? Elle se traduit par une incapacité à se réinventer. Non seulement presque toutes les mesures annoncées lors de la récente refondation de l'école ont déjà été expérimentées au cours des trente années écoulées mais, en un aveu d'impuissance inouï, la mise en œuvre des plus stratégiques a été déléguée par la nouvelle loi à des instances extérieures à l'Éducation nationale ! Les programmes, dont s'occupent en principe une direction entière ainsi que, pardonnez du peu, le prestigieux corps des inspecteurs généraux de l'Éducation nationale ? Un conseil supérieur œuvrera à leur réforme. L'évaluation, mission d'une autre direction ainsi, là encore, que de nos inspecteurs généraux ? Renvoyée elle aussi à une instance extérieure et théoriquement indépendante.

L'innovation, qui mobilise plusieurs centaines de fonctionnaires entre les directions de l'enseignement scolaire et des nouvelles technologies et leurs correspondants dans les académies ? Idem. Si le gouvernement a raison de créer ces instances, qui constituent autant de doublons, alors à quoi sert l'administration de l'Éducation nationale ? *A contrario*, si cette administration est efficiente, pourquoi s'embarrasser de tels organes avec lesquels, en outre, l'administration entre généralement en conflit larvé, parfois en guerre ouverte ?

L'exemple le plus spectaculaire de l'impuissance de l'Éducation nationale à se réformer aujourd'hui est sans doute l'aventure de « La main à la pâte », cette approche des sciences par l'expérience importée des États-Unis par le défunt prix Nobel Georges Charpak. Lancé au milieu des années 1990, le programme touche désormais un tiers des écoles primaires. Cette histoire illustre jusqu'à la caricature le formidable dynamisme autant que les farouches inerties de notre école. Formidable dynamisme : des dizaines de milliers d'enseignants se sont emparés de cette approche, alors même que les autorités pédagogiques et politiques la soutenaient pour le moins inégalement. Ils ont, chacun dans sa classe et sans autre récompense que celle du travail bien fait, remis en question leurs pratiques pédagogiques, affronté leur crainte de ne pas y arriver faute d'avoir eux-mêmes suivi une formation scientifique, appris à répondre « je ne sais pas » à certaines questions des élèves, non sans ajouter « mais nous allons essayer de comprendre ensemble ». Anodine vue de l'extérieur, cette mue est considérable.

Elle trace les contours d'une école où le questionnement l'emporte sur le savoir prédigéré, où les enfants sont mis en situation de dépasser leurs croyances, de déconstruire leurs représentations, une école du sens et non du gavage dans laquelle « faire de la science devient plus essentiel qu'apprendre la science[1] ».

Qu'a fait l'Éducation nationale pour promouvoir cette approche, pour former les enseignants, pour financer les intervenants extérieurs ? À peu près rien ! Le projet a été porté presque exclusivement par l'Académie des sciences, y compris financièrement.

Le problème de l'Éducation nationale n'est pas de manquer de capacités d'innovation en interne mais d'être incapable de les porter, de les encourager, de les récompenser (sur ce dernier point, la responsabilité est partagée avec les syndicats, dont la majorité refuse toute forme de rémunération au mérite – position dont je précise qu'elle est largement partagée au niveau international, y compris en Angleterre où le débat est vif à ce sujet).

Une erreur assez commune en matière d'éducation consiste à croire que rien d'intelligent n'a été tenté pour lutter contre l'échec scolaire. Le problème est inverse. Le système, sous sa forme actuelle, a beaucoup tenté. On pourrait remplir cette page avec les seuls sigles et intitulés décrivant les dispositifs empilés au fil des ans dans les écoles, collèges et lycées : RAR, Rased, PPRE, aide personnalisée, aide individualisée, accompagnement éducatif, coup de pouce… Cette liste permet de

1. Pierre Léna, *Enseigner, c'est espérer*, Le Pommier, 2012.

comprendre l'épuisement professionnel qui menace nombre d'enseignants – et d'expliquer leurs réticences face aux réformes annoncées – de façon bien plus pertinente que les rodomontades des éditorialistes clouant au pilori un corporatisme enseignant dont on notera au passage qu'il ne contrariait pas grand monde à gauche quand il s'exerçait à l'encontre de la droite...

Croire que l'Éducation nationale n'a rien essayé est donc une erreur aussi majeure que répandue. La vérité, c'est que des dizaines, des centaines de milliers de bonnes volontés se sont éreintées.

Plusieurs facteurs d'échec se sont combinés, notamment sociaux, urbains, budgétaires, mais celui qui pèse le plus au quotidien dans les établissements tient à la méthode que l'Éducation nationale met en œuvre, quels que soient le ministre et la majorité concernés. En amont de ces dispositifs, peu d'explications et pas de formation. Pendant la mise en œuvre, quelques moyens vite évaporés et, toujours, peu ou pas de formation. L'évaluation ? Le plus souvent inexistante. De toute façon, lorsqu'elle existe, il n'en sera pas tenu compte. Quand, bon an mal an, les équipes parviennent à faire tourner de manière satisfaisante un dispositif, ce qui prend rarement moins de deux ou trois ans, un autre vient s'ajouter ou se substituer, sans plus de préparation, d'évaluation, de formation...

Au cœur du problème, la question du temps. Temps dégagé pour mettre en place les nouveaux dispositifs – ne cherchez pas, il n'est jamais prévu : la nouveauté vient toujours en plus, jamais à la place. Temps de la formation et de l'évaluation – ne cherchez pas plus : il outrepasse tellement le temps politico-médiatique que nul ministre n'en tient compte. Quant à récompenser ceux qui innovent, c'est à peu près impossible. Martine Daoust fut rectrice d'académie, notamment à Limoges et à Poitiers. Elle assure que les syndicats, lors des commissions de promotion destinées à accorder de l'avancement à certains enseignants, refusaient au motif qu'il est aussi méritoire de travailler pendant quarante ans « que s'investir et sortir du rang », ou que, si certains professeurs ne s'engageaient pas plus, c'était parce que « l'environnement de travail ne le permettait pas[1] ». Même quand le soutien institutionnel tente de se manifester, il est tué dans l'œuf. Syndrome Kodak, quand tu nous tiens…

Il faut mesurer les ravages que cette méthode fait sur le terrain pour comprendre que les poils enseignants se hérissent aussi dru au seul énoncé du mot « réforme ». Comme le dit de manière lumineuse le chercheur marseillais René Amigues : « Ce n'est pas le travail qui épuise les professeurs, c'est de ne pas pouvoir réaliser leur travail[2]. »

Résultat : confrontées à ces inerties, des générations d'enseignants et de chefs d'établissement dévoués, engagés, ont fini par s'épuiser et, pour certains, par baisser les bras, non tant face à l'ampleur de la tâche que las de n'être pas assez encouragés et soutenus. Ce péril menace aujourd'hui lourdement le développement du numérique, comme le relève Christine Vaufrey,

1. Martine Daoust, *La réforme… oui, mais sans rien changer !*, Albin Michel, 2013.

2. Propos tenus le 24 janvier 2013 lors du congrès du Sncéel.

rédactrice en chef du site Thot Cursus : « Le risque est que les initiatives individuelles finissent par s'épuiser : on ne peut pas espérer que le système éducatif français se réforme intégralement du bas vers le haut. Il y a des freins structurels[1]. » Pire : ces enseignants engagés assistent au triomphe tranquille, parfois narquois, de ceux de leurs collègues qui, pour diverses raisons, ne souhaitent pas en faire plus que de raison. C'est le triomphe des « àquoibonistes ».

De manière moins spectaculaire et surtout moins médiatisée, nombre de zones rurales connaissent les mêmes difficultés, ainsi que ces quartiers résidentiels qui ont poussé à la lointaine périphérie de nos villes et où, chassée des centres-villes par le chômage et les prix de l'immobilier, s'est installée une population fragile. Qui sait qu'il y a des écoles et des collèges en déshérence à cinquante kilomètres des plages normandes ou dans l'arrière-pays varois ? Ils sont hors du champ médiatique national.

Il existe pourtant des moyens de faire réussir davantage d'élèves. Une fois encore, ils se déploient en marge ou à l'extérieur de l'Éducation nationale, qui n'a jamais été tentée d'importer ces méthodes ne cadrant pas avec son idée de la réussite : elles font appel à des savoirs pas exclusivement scolaires et s'adressent à l'adolescent en tant qu'être complet, et pas seulement en tant qu'élève. Là aussi l'école se comporte comme la direction de Kodak : si le produit ne correspond pas à sa vision,

1. Citée dans Christophe Castro, « Le numérique peut-il refonder l'éducation ? », www.inriality.fr, 12 septembre 2012. http://www.inriality.fr/education/experimentation/ecole/le-numerique-peut-il-refonder/

elle l'ignore, persuadée que son modèle économique et pédagogique est inexpugnable et refusant de voir que le privé porte aujourd'hui des approches qui vont profondément et rapidement changer la donne.

9

Chronique d'une privatisation annoncée

L'annonce fut si bien orchestrée que les médias en abandonnèrent tout sens critique. C'était en mars 2013. Xavier Niel, fondateur de Free et copropriétaire du *Monde*, annonçait le lancement de 42, une école d'informatique pas comme les autres : accessible à 18 ans sur la base d'une série de tests, elle propose une formation en trois ou quatre ans qui ne débouche sur aucun diplôme mais, parole de Xavier Niel, sur un emploi, promesse spectaculaire mais peu risquée quand on sait que les prévisions annoncent que 25 % des emplois créés au cours des quinze années à venir le seront dans le numérique, qui s'apprête par ailleurs à embaucher plus de 3 000 diplômés du supérieur chaque année.

Comme pétrifiés par l'habile *storytelling* du copropriétaire du *Monde*, les médias, majoritairement, n'ont pas relevé qu'il n'y avait là rien de neuf sous le soleil. Tout le secteur privé de l'enseignement supérieur s'est en effet bâti sur des principes comparables dans les années 1970. Logique : le service public sélectif absorbant les élèves les plus brillants, il fallait bien chercher les clients ailleurs. Les pionniers du secteur privé, souvent issus de la formation pour adultes, proches des inspirations pédagogiques de la seconde partie des années 1960, sont alors partis du principe que l'éducation traditionnelle, au lycée et dans le supérieur, passait à côté de certains potentiels qui, pris en charge autrement, pourraient parfaitement trouver leur place sur le marché de l'emploi. Ils ont moins cherché à concurrencer le secteur public qu'à offrir une alternative aux jeunes qui, pour une raison ou une autre, ne se sentaient pas à l'aise avec le système dominant (notamment les prépas et l'université) ou souhaitaient, en cette époque de chômage galopant, une formation très en prise avec le marché de l'emploi. Contrairement à ce que laisse penser l'expression « enseignement privé », de larges pans de ce secteur ont choisi la forme juridique de l'association loi 1901 (à but non lucratif). On est alors loin du grand capital partant à l'assaut d'un monopole public, mais plutôt en présence d'entrepreneurs pédagogiques, convaincus qu'il existe d'autres façons d'identifier les potentiels et de les former. La différence majeure avec le public est qu'ils ne bénéficient d'aucune rente de situation et doivent, en permanence, adapter leurs offres aux besoins des jeunes et des entreprises.

Au fil des ans, le privé s'est banalisé. Avec la montée de la crise, sous la pression des classements nationaux et internationaux, il a dû peu à peu araser ses singularités et passer sous les fourches caudines de processus d'accréditation essentiellement tournés vers les indicateurs les plus classiques. Le marché y a gagné en gage de qualité et perdu en singularité. C'est avec ce mouvement que rompt Xavier Niel en renouant avec ce qui faisait voici trente ans l'ADN de l'offre privée : indifférence aux diplômes et extrême attention aux attentes des employeurs. Il y ajoute la gratuité, et c'est au fond la seule nouveauté, même si elle vient six mois après la prep'Etna, une initiative comparable de Ionis Education Group, premier groupe privé en France avec 20000 étudiants (groupe auquel Xavier Niel a emprunté quasiment tous les principes pédagogiques de son école, par ailleurs dirigée par des cadres débauchés de l'Epitech, qui appartient à Ionis). Au contraire de ce qui se passe couramment aux États-Unis, les grandes fortunes françaises ne jouent presque jamais le rôle de mécènes pour l'enseignement supérieur, en tout cas pas à cette hauteur (Niel a promis vingt millions d'euros sur dix ans à son école). Mais il faudra bien, un jour, que quelqu'un paie – que ce soit l'usager ou les entreprises, comme clientes de l'école. À moins que Xavier Niel, une fois qu'il aura recruté pour ses propres besoins les informaticiens dont il manque, ferme son école, auquel cas la belle histoire de 42 se révélera n'avoir été qu'un habile *storytelling* destiné à habiller une originale opération de recrutement.

Si 42 était la seule à tenter d'imposer un modèle en rupture, cela ne menacerait pas les grands équilibres du système. Mais d'autres initiatives vont dans le même sens. France Business School, fusion de quatre écoles de commerce, a choisi de se passer des concours traditionnels pour recruter et organise, dans toute la France, une centaine de Talent Days au cours desquels les élèves sont sélectionnés via des épreuves collaboratives, des jeux de simulation, etc.[1] Certaines écoles d'ingénieurs refusent d'entrer dans le système des classements, qui peine toujours à reconnaître les propositions pédagogiques alternatives. Idem des bachelors que créent écoles de commerce et d'ingénieurs à destination de bacheliers qui ne veulent ou ne peuvent accéder aux filières les plus sélectives (essentiellement les prépas et les BTS ou DUT) : ces formations en trois ou quatre ans, très tournées vers la pratique, permettent d'entrer sur le marché du travail ou de poursuivre vers un master en grande école.

L'ensemble de ces initiatives dessine une tendance qui devrait s'amplifier rapidement. D'autant que le privé sera, selon toute probabilité, le premier bénéficiaire de la révolution numérique. Grâce aux nouveaux systèmes d'enseignement à distance et de certification (notamment les MOOC[2]), il pourra désormais demander à ses étudiants de valider des cours de haut niveau sans embaucher, à prix d'or, les enseignants capables de les délivrer. Jusque-là, l'université, les prépas, les IUT et les grandes écoles les plus prestigieuses jouissaient d'un avantage concurrentiel quasi impossible à contrer par le privé : leurs enseignants et leurs chercheurs sont sélectionnés sur des bases reconnues comme légitimes au niveau national, voire international. Mais dès lors que les savoirs les plus exigeants deviennent accessibles à portée de clic, gratuitement, cet avantage s'amenuise.

1. Cécile Peltier, « FBS : plongée au cœur d'un "Talent Day" », www.letudiant.fr, 15 juin 2013. http://www.letudiant.fr/etudes/ecole-de-commerce/fbs-plongee-au-coeur-d-un-talent-day.html

2. Voir chapitre 2.

On peut donc imaginer des programmes privés conçus exclusivement à base d'enseignement à distance pour ce qui est des cours théoriques, l'école ne s'occupant plus que des travaux dirigés, des exercices oraux, des activités associatives et des stages. Le tout en offrant aux employeurs une traçabilité des compétences inédite. Aujourd'hui, la dernière barrière que le public peut opposer à cette offensive est celle du prix – une scolarité dans le privé se paie entre 5 000 et 15 000 euros par an, avec un tarif médian d'environ 8 000 euros. Jusqu'au jour où prep'Etna et 42 feront des petits et où les offres privées gratuites ou *low cost* se multiplieront. Ce qui ne tardera pas : le marché est en expansion et le consommateur en pleine confiance vis-à-vis du privé.

Entre 2000 et 2010, non seulement les effectifs du privé dans l'enseignement supérieur ont augmenté de 50 %, mais le secteur a même absorbé l'essentiel de l'augmentation du nombre d'étudiants (80 % de la croissance des effectifs)[1]. Les seules universités catholiques ont vu leurs effectifs croître de 38 % au cours des six années écoulées[2]. Dans le même temps, certaines filières du public ont également su attirer plus d'étudiants, notamment médecine et droit, les Instituts d'études politiques (Sciences Po Paris et les huit Sciences Po de province) et

---

1. Isabelle Rey-Lefebvre, « Razzia des fonds d'investissement sur les campus », *Le Monde*, 23 juin 2013. http://www.lemonde.fr/economie/article/2013/06/23/razzia-des-fonds-d-investissement-sur-les-campus_3434938_3234.html

2. Camille Stromboni, « Instituts catholiques : des effectifs étudiants en forte hausse », www.letudiant.fr, 28 août 2013. http://www.letudiant.fr/educpros/actualite/instituts-catholiques-des-effectifs-etudiants-en-forte-hausse.html

la poignée de bi-licences créées par les universités dans la foulée de la loi Pécresse de 2007. Le choix des Français est net : ils plébiscitent les filières sélectives, réputées mieux préparer les jeunes à trouver un emploi, et sont prêts, le cas échéant, à payer pour cela. C'est d'ailleurs en comptant sur cette attractivité que Geneviève Fioraso a introduit dans sa loi, sur une proposition de l'historien Patrick Weil, l'idée de réserver des places aux meilleurs élèves de tous les lycées dans des filières sélectives. La société a en somme donné raison à Alain Devaquet, éphémère ministre de l'Enseignement supérieur et de la Recherche du gouvernement Chirac, dont le projet de loi avait conduit des millions de jeunes dans la rue en 1986. Ce projet, qui aurait permis aux universités de sélectionner leurs étudiants et d'augmenter leurs droits d'inscription, fut combattu au nom de l'égalité des chances. Vingt-cinq ans plus tard, le marché a tranché en faveur des deux termes honnis à l'époque (sélection et droits d'inscription) et les principales initiatives destinées à relancer l'ascenseur social ne sont pas le fait des universités (à quelques rares et louables exceptions) mais de filières sélectives ou offrant des pédagogies alternatives (BTS, DUT dans une certaine mesure, alternance sous toutes ses formes, programmes spécifiques des grandes écoles, etc.).

Si le privé tire une partie de son attrait du lien client-prestataire qu'il induit, avec possibilité pour les parents et les jeunes d'exiger un « service » à la hauteur de l'investissement consenti, il sait aussi attirer des bacheliers en quête de méthodes d'enseignement alternatives. La nécessaire évolution de la pédagogie est devenue le cœur des préoccupations de l'enseignement supérieur. Les MOOC obligent écoles et universités (ou du moins les enseignants qui veulent affronter la question) à sortir d'un « déni », estime même Isabelle Barth, directrice de l'École de management de Strasbourg : « Les étudiants ont le sentiment de ne pas apprendre grand-chose en cours et, surtout, de s'y ennuyer profondément. Longtemps, on a préféré montrer du doigt les mauvais comportements des étudiants qui présentent à leurs professeurs une forêt de rabats d'ordinateurs et qui pratiquent la *présence absente*, surfant sur les réseaux sociaux pendant les cours. Aujourd'hui, se poser la question de l'intérêt du cours est certes déstabilisant mais il est impossible d'en faire l'économie[1]. »

La crise a encore renforcé l'exigence des familles en matière d'enseignement supérieur. Dans un premier temps, elles ont d'ailleurs continué d'investir autant qu'avant et l'opinion dominante dans le milieu était que le dernier poste de dépense auquel elles renonceraient serait l'éducation des enfants. Ce n'est qu'en 2012-2013, soit cinq ans après la chute de Lehman Brothers et l'affaire des *subprimes*, que les écoles privées ont commencé à ressentir un léger tassement du marché, après dix années de croissance soutenue. Certaines, nous l'avons vu, ont répondu par la gratuité, d'autres en créant des diplômes ou des modalités de sélection leur permettant de toucher de nouveaux publics ; d'autres encore en diminuant leurs prix, bref, elles cherchent

1. Isabelle Barth, « Faut-il avoir peur des grands méchants MOOCs ? », art. cit.

des solutions pour conserver ou accroître leurs parts de marché. Elles les trouveront.

Cette formidable croissance du privé, ainsi que les possibilités nouvelles offertes par le numérique, aiguisent en effet les appétits. Discrets jusque-là dans le secteur, hormis dans le domaine du management (dont les effectifs ont augmenté de plus de 40 % en cinq ans), les investisseurs s'intéressent désormais ostensiblement au secteur de l'enseignement. Ils visent avant tout les filières désertées par le service public ou pratiquant une sélection tellement délirante qu'elle laisse sans perspective des milliers de candidats de bon niveau – c'est le cas en arts appliqués, numérique, hôtellerie de luxe, design, paramédical, mode, journalisme, communication, audiovisuel...

Pour l'heure, que le gouvernement soit de droite ou de gauche, l'enseignement supérieur privé continue de faire figure de vilain petit canard. Nul ne veut affronter cette désagréable réalité : le privé prospère moins sur l'avidité de quelques fonds de pension américains que sur la difficulté de l'université à faire sa révolution pédagogique en premier cycle et sur le caractère outrageusement élitiste de l'enseignement secondaire et des prépas, qui ne sont performants que pour une minorité d'élèves. Tant que ces derniers ne s'adresseront qu'à 10 % des jeunes, les 90 % restants constitueront un marché toujours plus désirable, ce qu'ont parfaitement compris les Duke Street, Career Education Corporation, Laureate International Universities, Bregal Investments, Auvence, Activa Capital ou Octant Partenaires, tous ces fonds privés spécialisés dans l'enseignement supérieur qui scolarisent via leurs écoles des centaines de milliers d'étudiants de par le monde.

Les fleurons de notre service public sont-ils à l'abri ? C'est à voir. C'est l'hypothèse que soutient Nicolas Sizaret, ex-consultant au ministère de l'Éducation nationale et auteur du roman *OPA sur le Mammouth*[1] : « Si le lycée Louis-le-Grand à Paris était proposé à la vente à un fonds d'investissement (sur le modèle de ce que propose aujourd'hui le gouvernement anglais pour ses établissements scolaires), l'État pourrait en tirer 50 millions d'euros (sans compter la valeur des bâtiments, qui appartiennent à la collectivité). » Question de la journalise Louise Tourret, productrice sur France Culture et chroniqueuse pour Slate : « Lorsque le budget de l'Éducation nationale en sera à 50 millions près, selon la couleur du gouvernement en place et selon l'image qu'aura alors l'école publique dans l'opinion, un tel scénario deviendra-t-il possible[2]. »

C'est bien l'écart entre un enseignement massifié gratuit et non sélectif (les premiers cycles universitaires) et un enseignement gratuit et archi-sélectif (les prépas) qui libère un espace formidable au secteur privé, lequel scolarise ainsi un étudiant sur cinq dans le supérieur, espace qui serait sans doute moindre si l'offre publique était plus progressive, aussi bien en termes de tarifs que de sélectivité – rôle que jouent, dans une certaine mesure, les IUT, les Sciences Po de province, les

1. Nicolas Sizaret, *OPA sur le Mammouth*, Souffle Court, 2012.
2. Louise Tourret, « Privatiser l'école en France ? Pas tout à fait une fiction », www.slate.fr, 5 septembre 2013. http://www.slate.fr/story/77312/privatiser-ecole-france-pas-tout-fait-une-fiction

instituts d'administration des entreprises, mais sans que cela profite véritablement, en termes d'image, à leurs universités de rattachement, avec lesquelles ils entretiennent des relations faites de méfiance, parfois même de défiance. Ici ce n'est pas de syndrome Kodak dont il s'agit mais plutôt du syndrome du Palio – un mal réputé italien, inspiré du déroulement du Palio de Sienne, la plus ancienne course de chevaux du monde, au cours de laquelle le but est autant d'empêcher les autres de l'emporter que de gagner soi-même…

Confier au privé la responsabilité de former un cinquième des étudiants aujourd'hui, probablement plus demain, lui déléguer presque toute la formation dans certains secteurs, tout cela n'est pas un problème en soi – d'une part nous vivons sous un régime libéral, d'autre part cela tendrait même à me réjouir, en tant que directeur de la rédaction d'un média, *l'Étudiant*, qui vit essentiellement de la publicité ! Mais que cela n'ait fait l'objet d'aucun débat public, d'aucune forme de choix politique conscient ? Voilà de quoi laisser perplexe.

Car la principale hypothèse de cette aphasie ramène au postulat de ce livre : si l'État est prêt à déléguer autant de responsabilités au privé dans le supérieur, n'est-ce pas avant tout pour ne pas remettre en cause le petit *business model* qui permet aux castes issues de la méritocratie de prospérer, celui qui permet aux cadres dirigeants, hauts fonctionnaires et enseignants de protéger leur territoire en interdisant l'accès aux non-initiés (hypothèse que confortent toutes les études sociologiques[1]) ?

1. Camille Peugny, *Le Destin au berceau*, Seuil, 2013.

Méfiance : ce qui apparaît aujourd'hui comme une sorte de moindre mal creusera peut-être très vite la tombe du service public d'éducation dans le supérieur. Il suffirait pour cela que les entreprises disposent d'autres indices que les diplômes pour évaluer les compétences des candidats (c'est en cours), que les enseignements des meilleurs enseignants-chercheurs soient accessibles au plus grand nombre (c'est également en cours) et que les frais de scolarité du privé diminuent (ce que le numérique devrait permettre).

Ce jour-là, plus grand-chose ne protégera le modèle élitiste, ni économiquement, ni sur un plan moral, l'État n'ayant jamais résolument mis en œuvre la fameuse égalité des chances qui est censée légitimer les privilèges acquis à vie par les bénéficiaires de la méritocratie... Car là aussi nous marchons sur la tête et décourageons petit à petit nombre de ceux qui, au sein du service public, se mobilisent.

10

L'innovation, un *arte povera*

150 000 jeunes sortent chaque année du système scolaire sans diplôme ni qualification. Martelé à l'envi par les ministres depuis quinze ans, sans effet notable sur la réalité – aucun n'a réformé le collège, qui est pourtant l'étape où se produit l'essentiel de ces décrochages –, ce chiffre est pourtant trompeur. Pour quantifier réellement le nombre de jeunes que l'Éducation nationale est incapable de mener au terme de leur parcours académique, il faudrait ajouter tous ceux qui quittent la voie classique pour des formations en alternance telles que celles que proposent les maisons familiales rurales, les compagnons du tour de France, les apprentis d'Auteuil, l'enseignement agricole et un certain nombre de centres de formation d'apprentis privés. Ils sont plus de 200000, la majorité dans l'enseignement agricole, qui ne se reconnaissent pas dans le collège tel qu'il est (en plus, donc, des 100000 élèves de Sections d'enseignement général et professionnel adapté (Segpa) : chaque

année, le soi-disant collège unique met de côté 350000 jeunes, qui ne s'en portent pas plus mal d'ailleurs). À peu de choses près, la France d'en haut les ignore et, de toute façon, s'en moque. L'innovation ou, du moins, les démarches alternatives sont toujours confinées aux marges du système, pauvrement dotées, et destinées aux exclus de la voie réputée normale.

Contrairement à ce que croyait Dominique de Villepin, alors Premier ministre d'une France confrontée aux émeutes dans les banlieues, l'alternance n'est pas une solution pour socialiser les jeunes qui brûlent des voitures et cassent du CRS. Elle ne fonctionne pas plus pour les trop jeunes – les entreprises ne souhaitent pas voir arriver des apprentis de 14 ans (sur ce point, il est étrange que la droite persiste à ne pas entendre l'avis de ces entreprises, dont elle est censée être proche). Sans un minimum de tenue, on ne résiste pas au régime de l'alternance, qui impose une gymnastique pas évidente entre travail et études.

Il est vrai, en revanche, que les parcours d'apprentis s'amorcent souvent par une scolarité classique moyenne, parfois chaotique. *A minima*, ces jeunes, lorsqu'on les interroge, ne manifestent pas de passion pour la pédagogie traditionnelle. La plupart d'entre eux se définissent comme d'anciens collégiens au mieux moyens. Et tous parlent de l'ennui, du sentiment de ne pas voir la finalité de ce qu'ils faisaient au collège.

Le premier travail qu'effectuent avec eux les maisons familiales rurales, les compagnons ou les apprentis d'Auteuil consiste donc à tenter de les réconcilier avec eux-mêmes, à prendre confiance. Et, le plus souvent, ça marche. Aucun miracle derrière tout cela – même si les apprentis d'Auteuil sont d'origine confessionnelle et que les maisons familiales rurales se sont développées en périphérie des mouvements catholiques du monde agricole, au début du XXe siècle. Aucun miracle donc, mais un certain nombre de dispositifs, affinés au fil des ans, afin d'aider les jeunes. On retrouve toujours une bonne dose d'exigence, de rigueur, parfois une forme de sévérité ; des temps sociaux et d'apprentissage collectifs destinés à construire les attitudes de coopération, d'entraide, de solidarité, du dortoir aux ateliers en passant par le réfectoire ; des systèmes de tutorat avec des adultes référents. La vie en internat, qui domine, contribue aussi fortement à la construction des personnalités. Et, en filigrane, ce substrat « catho » qui, en matière d'éducation, consiste à ne pas distinguer l'élève de l'enfant ou de l'adolescent et, sur le papier au moins, de s'adresser ainsi à la personne entière.

Ces formations n'ont pas pour projet premier de lutter contre les inégalités, au sens où l'Éducation nationale prétend le faire. Pourtant, elles le font. Comment ? En considérant l'adolescent dans sa globalité et en lui offrant un soutien à trois cent soixante degrés : social, culturel, affectif, pédagogique… Elles ne font pas mine de croire qu'il suffit de délivrer des savoirs académiques à tous et sous la même forme pour instaurer un peu d'égalité des chances. On retrouve des démarches voisines dans l'enseignement agricole public ou privé.

Insistons : il n'y a rien de magique là-dedans, d'ailleurs ça ne marche pas à tous les coups, mais il s'agit d'un ensemble de gestes professionnels, de bonnes pratiques, dont l'Éducation nationale pourrait très bien s'inspirer si elle souhaitait réellement réformer le collège. Elle n'en fait rien.

Il faut dire que toutes ces formations ont à voir avec deux choses que toute une partie du système exècre : la main et l'entreprise. La main : l'alternance, à ce niveau, repose sur l'apprentissage d'un métier souvent manuel. Or l'Éducation nationale a totalement expulsé le geste manuel de ses apprentissages[1]. Les défunts cours de travaux manuels ont été remplacés par un enseignement technologique qui ne demande plus aux élèves de fabriquer, de construire quelque chose. L'intelligence de la main n'a plus droit de cité. L'autre chiffon rouge, bien sûr, c'est l'entreprise, vue et vécue par l'inconscient marxisant des uns et « républicaniste » des autres comme un lieu d'exploitation au mieux, d'oppression au pire, comme si le seul travail qui valait était le travail intellectuel, comme si le seul salaire à en espérer était la satisfaction de s'élever culturellement et moralement, comme si on vivait d'idées et d'eau fraîche, comme si le monde de l'entreprise n'offrait aucune rétribution économique, symbolique, sociale (situation que brocarde en ces termes le chercheur Ken Robinson dans une conférence vue près de dix-huit millions de fois sur Internet : « Le système est conçu pour former des professeurs d'université[2] »)…

---

1. Voir chapitre 3.

2. Voir la vidéo « Ken Robinson nous dit en quoi l'école tue la créativité », www.ted.com. http://www.ted.com/talks/ken_robinson_says_schools_kill_creativity.html

L'Éducation nationale, évidemment, n'ignore rien des dégâts que le collège peut infliger aux adolescents qui ne s'épanouissent pas dans un registre académique : elle en accueille des centaines de milliers au sein de ses lycées professionnels. Et elle sait qu'y compris dans les filières professionnelles les plus demandées, l'atterrissage des élèves est toujours un moment délicat. Plusieurs semaines durant, l'équipe enseignante va s'attacher à rendre à ces grands adolescents un peu d'estime de soi, à les convaincre qu'on peut avoir été « mauvais élève » au collège et devenir « bon élève » au lycée professionnel. C'est à cette condition, et à cette condition seulement, que l'on peut ensuite commencer à y enseigner sereinement.

Ne nous flagellons pas à l'excès. Tous les pays développés ont des problèmes avec l'éducation de leurs adolescents. Partout le règne du « tout tout de suite » menace la nécessaire lenteur de certains apprentissages. Partout le consumérisme et le mercantilisme viennent en concurrence avec les valeurs du vivre-ensemble, avec la gratuité du savoir, du beau ou du geste justement accompli. Cela ne date pas d'aujourd'hui ; déjà Charles Péguy, dans un passage célèbre de *L'Argent*, paru en 1913, déplorait cette perte du geste pour le geste : « Comment a-t-on fait, du peuple le plus laborieux de la terre, et peut-être du seul peuple laborieux de la terre, du seul peuple peut-être qui aimait le travail pour le travail, et pour l'honneur, et pour travailler, ce peuple de saboteurs, comment a-t-on pu en faire ce peuple qui sur un chantier met toute son étude à ne pas en fiche un coup. Ce sera dans l'histoire une des plus grandes victoires, et sans doute la seule, de la démagogie bourgeoise intellectuelle. Mais il faut avouer qu'elle compte. Cette victoire. »

Partout, l'envahissement des smartphones a bouleversé les relations sociales qu'entretiennent les ados et aboli le découpage temporel qui réservait des temps raisonnablement étanches aux vies scolaire, amicale et familiale. Peut-être même ces évolutions sont-elles rédhibitoires. C'est l'hypothèse que formule Sugata Mitra, ce chercheur en éducation qui a acquis une notoriété mondiale avec son expérience du *hole in the wall*[1], quand il se demande si nos réticences face aux nouveaux modes de communication et d'expression (le langage SMS) des jeunes, réticences qu'il partage, recèlent une valeur en soi ou ne font qu'exprimer notre incapacité à envisager un monde qui, déjà, nous échappe. Partout enfin c'est au niveau du collège que se cristallisent avec le plus d'intensité les attitudes de rejet, d'ennui ou de dégoût de la chose scolaire.

Il existe pourtant des tentatives, en France et à l'étranger, de procéder différemment, et pas seulement en sortant du circuit classique les élèves qui ne se fondent pas dans la forme scolaire dominante, comme nous le faisons – en dehors de la voie de l'alternance, l'Éducation nationale envoie en effet environ cent mille collégiens dans ses Segpa et plusieurs milliers dans des classes ou ateliers relais. En France, une poignée de collèges mettent en œuvre des formules alternatives, certains depuis des années. En pure perte pour la collectivité

1. Voir chapitre 1.

puisque leurs acquis ne sont pas diffusés. La situation est à peine meilleure à l'étranger où, comme en France, les expériences alternatives les plus nombreuses et les plus convaincantes sont menées à l'école et au lycée, rarement au niveau du collège.

Quelles que soient leur organisation pédagogique et leur façon d'aborder les programmes, toutes ces expériences ont un point commun : le temps de travail des enseignants s'y organise autrement. Au lieu d'effectuer dix-huit heures de cours hebdomadaires devant les élèves pendant trente-six semaines par an et de consacrer le reste du temps à la préparation des cours et aux corrections, généralement à domicile, les professeurs sont beaucoup plus présents dans l'établissement, quitte à ne pas y faire que de l'enseignement. Mais cette façon de procéder heurte la ligne du syndicat majoritaire chez les enseignants du secondaire, le Snes-FSU, si bien qu'aucun ministre n'a jamais osé aller au-delà de quelques modestes expérimentations. Des élèves auraient pu en profiter ? Visiblement, l'argument ne suffit pas aux ministres pour engager un rapport de force et risquer leur place sur cette question, ni au Snes-FSU pour reconsidérer sa position.

Comme de nombreux pays, nous préférons toujours, pour reprendre la comparaison de Ken Robinson, la logique « fast-food » à la logique « Michelin » : une offre standardisée où le processus défini *a priori* est censé garantir une qualité minimale pour la masse, plutôt que l'élaboration de critères d'excellence que chaque établissement tentera d'atteindre sans qu'on lui impose la composition quotidienne du menu ou la couleur de l'uniforme des serveurs, et qui fera l'objet d'un contrôle *a posteriori*[1].

Sommes-nous condamnés à cette uniformité délétère ? Pas forcément. Certaines innovations portées par le numérique pourraient, au collège aussi, conduire à l'émergence d'une offre privée concurrentielle, en plus du privé sous contrat (qui ne coûte pas cher mais est contingenté). C'est chose faite aux États-Unis où des écoles privées en ligne (des académies virtuelles) se créent, sous le nom de *charter schools* – une forme (encore) ignorée en France qui permet à des structures privées de bénéficier de financements publics à condition d'atteindre le niveau requis aux évaluations nationales.

Nous n'y sommes pas en France et le collège pourrait bien n'être impacté qu'en dernier par ces évolutions : il sera en effet beaucoup plus simple de prouver l'efficacité d'approches nouvelles dans le supérieur (le marché du travail et les concours joueront les juges de paix) et au lycée (avec le bac) qu'au collège, où les établissements doivent relever le défi qui consiste à apprendre des choses à des jeunes mais aussi gérer des adolescents. D'ailleurs, les premières académies virtuelles américaines ne donnent pas encore des résultats très convaincants.

Pour l'heure le collège reste donc le réacteur nucléaire du modèle méritocratique, l'arme fatale de l'élitisme républicain : il trie formidablement, sur des critères prétendument scolaires qui – surprise ! – se calquent en fait sur les catégories sociales. Si tel n'est pas le

1. Lou Aronica et Ken Robinson, *L'Élément*, *op. cit.*

but recherché, pourquoi ne pas avoir profondément réformé le collège depuis quarante ans, alors qu'il apparaissait chaque année plus clair que la formule retenue au milieu des années 1970, celle du collège « unique », était au mieux, ainsi mis en œuvre, un leurre destiné à se conformer à la *doxa* égalitariste, au pire un piège cynique destiné à rationaliser, à légitimer l'ordre social issu de la naissance ? Il faut dire que la nouvelle mode, depuis dix ans, a été de reporter la responsabilité de l'échec sur l'école primaire.

Jusque récemment, l'école élémentaire était pourtant le fleuron de notre système éducatif. Héritière directe de l'école de Jules Ferry, elle jouissait d'une légitimité que l'on pouvait croire inexpugnable. En digne continuatrice de l'école du peuple, elle n'avait jamais discuté le fait d'accueillir tous les enfants, sans distinction de niveaux. Communale, elle jouissait d'une proximité irremplaçable avec les familles, auxquelles elle savait ouvrir ses portes, tissant autour des enfants une robuste continuité éducative entre l'école et la maison. À taille humaine, elle pouvait tenter des expérimentations pédagogiques variées, sans forcément en faire tout un plat. Ses écoles à classe unique réinventaient au quotidien les principes de l'enseignement mutuel, formalisés dès le XVIIIe siècle par La Rochefoucauld. Les approches alternatives suggérées par les pédagogues comme Maria Montessori, Ovide Decroly ou Célestin Freinet y avaient droit de cité, avec une intensité à la fois variable et adaptée aux besoins des enfants autant qu'aux souhaits et compétences des instituteurs – il n'est d'ailleurs pas surprenant que le dispositif « La main à la pâte » s'y soit épanoui au point de toucher aujourd'hui un tiers des établissements, comme nous l'avons vu. L'école élémentaire entreprenait d'ouvrir les enfants aux savoirs fondamentaux mais également au sport à l'art, disciplines jugées essentielles par le véritable penseur de l'école républicaine, Ferdinand Buisson, et par Jules Ferry. Elle savait tisser des liens avec l'école maternelle, elle aussi fille de l'innovation pédagogique – elle s'est structurée autour des travaux et de la volonté de Pauline Kergomard et Marie Pape-Carpantier à la fin du XIXe siècle. Surtout, il existait un large consensus autour des missions du primaire. Même si, depuis belle lurette, les programmes s'étaient enrichis, cette école était réputée apprendre aux enfants à lire, écrire et compter.

Nous avions donc, au socle du système, un espace à la fois ouvert à l'innovation et lui-même produit de l'innovation, jouissant de la confiance du public, clair dans ses missions, d'un mot : confiant.

Aujourd'hui, cette confiance est en miettes et toute une partie de ce corps social, celui des professeurs des écoles (le nouveau nom des instits), est prêt à se braquer face aux réformes – l'exemple des rythmes scolaires en a fourni une illustration tristement éclatante. Comment l'Éducation nationale a-t-elle réussi ce petit miracle ? En rendant le primaire responsable de tous les maux du système.

La première attaque est venue de Gilles de Robien. Ministre de l'Éducation nationale pendant les émeutes en banlieue de 2005, il choisit d'accuser l'école de ne pas savoir apprendre à lire aux enfants. Pendant plusieurs semaines, il martèle dans les médias un épais mensonge : les professeurs des écoles persisteraient à apprendre à lire selon la méthode globale, au détriment de la méthode syllabique. Énorme polémique, comme chaque fois, en France, que l'on aborde la question de la langue. Le doute s'installe. Des dizaines de milliers de parents scrutent les cahiers et manuels de leurs enfants pour débusquer les traces de globalisme. Les ventes de la méthode Boscher, la bible du syllabisme, explosent. Ce retour aux « fondamentaux » a-t-il porté ses fruits ? Ce n'est même pas certain. Selon l'OCDE, les écoliers français consacrent 37 % de leur temps à travailler leur langue et 21 % à faire des maths, soit respectivement 10 % et 4 % de plus que la moyenne des vingt et un pays de l'Union européenne membres de l'OCDE. Pour des résultats moindres aux évaluations internationales.

Un an et demi plus tard, un organe nouvellement créé, le Haut Conseil de l'éducation, s'autosaisit de la question de l'école primaire et publie, quelques jours avant la rentrée scolaire, un rapport au vitriol. Le sujet n'est pas, à ce moment-là, sur l'agenda gouvernemental. Il s'y impose. Quelques mois plus tard, le nouveau ministre, Xavier Darcos, se laisse aller devant une commission parlementaire. Interrogé sur la nécessité de recruter les enseignants de maternelle au niveau master, il rétorque qu'il ne faut tout de même pas avoir bac +5 pour savoir changer des couches. Comme si la maternelle était une crèche pour enfants de 3 à 6 ans. Comme si on n'y apprenait rien d'utile pour la suite.

Concomitamment, et pour la première fois, un gouvernement supprimait des postes dans les écoles primaires.

Message implicite : si le primaire, comme nous vous l'avons expliqué, échoue, ce n'est pas faute de moyens, d'ailleurs nous allons en supprimer. Inutile de terminer la phrase, chacun la finit mentalement : si ce n'est pas une question de moyens, c'est que les enseignants sont mauvais. Vincent Peillon a enfoncé le clou en affirmant que la priorité absolue pour « refonder » l'école était de commencer par le primaire. Même si ce n'était pas son intention, cela revenait à valider les critiques formulées depuis dix ans.

Cerise sur le gâteau : au cours de la même période, les professeurs des écoles ont été sevrés de crédits pédagogiques pour cause de rigueur budgétaire ; confrontés à une hiérarchie obsédée par le souci de faire du chiffre pour justifier que les suppressions de postes n'impactaient pas les résultats scolaires ; et soumis à une montagne de paperasse requise par la judiciarisation de la société dès qu'ils veulent organiser une sortie scolaire.

Il faut n'avoir rien suivi de cette histoire pour imaginer, à la rentrée 2013, que les professeurs des écoles vont accueillir à bras ouverts la réforme des rythmes scolaires qui leur est annoncée sans consultation préalable par la gauche. Vincent Peillon, en spécialiste de Ferdinand Buisson, s'imaginait avoir affaire aux héritiers des hussards de la République. Il se retrouve face à une armée serrée de boutiquiers prêts à tout pour défendre le peu qu'on leur a laissé – une demi-journée de répit, en milieu de semaine, pour compenser dix années d'humiliations, de complications quotidiennes, de stagnation des salaires. D'autant que, dans le même temps, la gauche a repris la nouvelle antienne du « primaire qui va mal », appelant à l'appui les études internationales comme l'enquête Progress in International Reading Literacy Study (PIRLS), menée par un institut néerlandais, qui montre une dégradation des résultats depuis 2001. De toutes parts, ce même « sauve-qui-peut » : il faut sauver le primaire, et pour ce faire repartir du « lire-écrire-compter ».

Dans ce contexte, ceux qui tentaient d'avancer que les « fondamentaux » du XXIe siècle n'étaient pas forcément ceux de l'école de Jules Ferry avaient peu de chances de se faire entendre. Que sait-on des compétences dont nos enfants auront besoin ? Ils devront savoir se servir d'un clavier pour écrire. L'apprend-on à l'école ? Non. Ils communiqueront massivement par ordinateur (ou tablette ou smartphone, disons, via le numérique). Leur apprend-on à le faire à l'école ? Non. Ils auront à vivre dans un monde régi par des algorithmes d'une complexité inouïe. Leur apprend-on simplement ce qu'est un algorithme ? Non.

L'Académie des sciences s'est émue en 2013 de l'absence dans les programmes de ce nouveau fondamental que sont les sciences informatiques. Si nous ne les enseignons pas à nos enfants, prédit l'Académie, nous les condamnons – et nous nous condamnons – à n'être que les spectateurs passifs de la révolution en cours, par ailleurs esclaves de machines dont nous serons incapables de maîtriser le fonctionnement. Résultat : de larges pans de l'initiation seront délégués aux initiatives privées, comme on le voit déjà avec le foisonnement d'applications d'initiation au codage (Alice, Logo,

Squeeze, Greenfoot, Scratch...) ou la mode des *coding goûters* (les enfants apprennent en s'amusant les bases de la pensée algorithmique). Quelques chanceux profitent aussi des dispositifs conçus par une poignée d'enseignants souvent autoformés et toujours archimotivés qui tentent, sans attendre les circulaires officielles, de faire entrer leurs élèves de plain-pied dans le monde qui sera le leur, celui du numérique, comme en a témoigné le « tour de France du numérique[1] » organisé par le site Le Café pédagogique et le Scéren-CNDP, avec Microsoft.

Là encore, pas de défaitisme : la partie est loin d'être jouée. Mais les écarts se creusent. Les États-Unis viennent de lancer un vaste plan destiné à équiper en cinq ans toutes les écoles de connexions wi-fi à haut débit (elles sont déjà connectées à Internet depuis longtemps). L'objectif est double. D'une part, faire entrer les élèves dans l'ère numérique – formulation amusante quand on y songe, dans la mesure où ces enfants n'ont pas besoin d'y entrer : ils y sont nés ; d'autre part, favoriser le développement de logiciels éducatifs en créant à la fois un vaste terrain d'expérimentation et un marché. Cet appel d'air suscite la création d'une myriade de start-ups parmi lesquelles se trouvent peut-être les futurs géants mondiaux de l'éducation. Car cette bataille-là est déjà engagée et brasse des millions d'euros. Gutenberg Technology, société française créée en 2010, a ainsi développé une technologie permettant de transformer des

1. « Tour de France numérique pour l'Éducation », www.cafepedagogique.net. http://www.cafepedagogique.net/pages/tdfnumerique.aspx

manuels scolaires en manuels interactifs tout support (smartphones, tablettes, etc.). Elle a levé deux millions d'euros en 2013 pendant que son concurrent, l'américain Inkling, trouvait 17 millions de dollars.

La France, une fois encore, n'est pas la seule à traîner des pieds. Un argument des sceptiques quant à l'introduction massive du numérique dans les écoles tient à l'absence d'étude scientifique suffisamment étayée pour prouver, aujourd'hui, qu'il aurait une efficacité supérieure. La belle affaire ! S'interroge-t-on sur l'efficacité du stylo, du tableau ou du livre, outils pédagogiques les plus répandus au monde ? Non. Les cloue-t-on au pilori au motif qu'ils permettent aussi d'écrire et de lire des textes qui appellent à la haine et à la violence ? Pas plus. Chacun sait que leurs performances sont largement tributaires de l'usage qu'en feront les enseignants. Les spécialistes des tablettes ne disent pas autre chose. Quand Annie Martin, experte des technologies éducatives chez Apple, parle des conditions d'une bonne intégration de l'iPad en classe, elle insiste sur des prérequis qui pourraient s'appliquer à n'importe quel dispositif pédagogique, de la sortie scolaire au cours magistral : dans quel objectif choisit-on d'y recourir ? Est-on formé pour en tirer bénéfice ? Est-on prêt, si le dispositif l'exige, à changer sa façon d'enseigner ? Les élèves partagent-ils les objectifs fixés[1] ?

1. Audrey Miller, « iPad en classe : des conditions de succès pour initier un réel changement », www.infobourg.com, 22 mai 2013. http://www.infobourg.com/2013/05/22/ipad-en-classe-des-conditions-de-succes-pour-initier-un-reel-changement/

L'Éducation nationale ne constate pas autre chose dans l'étude qu'elle a consacrée aux expérimentations de tablettes tactiles : c'est un outil, écrit-elle, « qui offre des potentialités pédagogiques nouvelles » mais dont la « simplicité apparente nécessite un accompagnement des enseignants[1] ». Reste que le taux d'équipement est dérisoire : 15 000 tablettes au total, réparties dans 119 écoles (sur 53 000), 174 collèges (sur 7 000) et 42 lycées (sur 4 000). Les études menées à l'étranger, notamment dans les pays qui ont investi beaucoup plus que la France en tablettes ou tableaux blancs interactifs, le confirment, comme le rappelle Normand Baillargeon, enseignant-chercheur à l'université du Québec à Montréal (UQAM) : « Une étude financée en partie par la Conférence des recteurs et des principaux du Québec (CREPUQ) concluait que les étudiantes et étudiants universitaires préfèrent les méthodes d'enseignement traditionnel et s'enthousiasment moins pour les nouvelles technologies éducationnelles que leurs enseignants. Un des responsables de l'étude se disait étonné que "les nouveaux outils d'apprentissage, ce n'est pas ce que les étudiants demandent en priorité. Ce qu'ils veulent, ce sont des professeurs inspirants et stimulants intellectuellement[2]". »

Croire que le numérique, en soi, améliorera la qualité de l'enseignement est absurde. Mais il est encore plus

1. « Tablettes tactiles : retours d'expérimentation, et potentialités pédagogiques », Eduscol, octobre 2013.

2. Normand Baillargeon, « Tableaux interactifs, iPad et autres passions technophiles », www.ababord.org, février-mars 2013. http://www.ababord.org/spip.php?article1650

absurde de se priver du fabuleux levier de changement qu'il offre et de faire comme si l'école n'avait pas le devoir absolu de préparer les enfants au monde dans lequel ils vont vivre, or ce monde est numérique.

Ainsi va l'Éducation nationale. Pour protéger le modèle élitiste qui structure, en cascade, les prépas, le lycée et le collège, elle s'est trouvé un bouc émissaire qui s'est d'autant moins bien défendu qu'il ne s'attendait pas à de telles attaques. Au passage, elle a durablement abîmé la condition préalable de l'innovation – qui suppose toujours une prise de risque : la confiance.

Qui visera-t-elle la prochaine fois ? Les crèches ? Les services d'obstétrique ? Les échographistes ? Cela aurait le mérite de la clarté. Car on en viendrait, en bout de chaîne, aux principaux ennemis du système, coupables tout à trac de ne pas savoir élever leurs enfants et de ne pas faire confiance au système, qu'ils tentent régulièrement de circonvenir en faisant prospérer le marché scolaire : les parents.

11

Du marché scolaire à la marchandisation de l'école

Il existe un consensus social puissant autour de l'école telle qu'elle est organisée, telle qu'elle enseigne, telle qu'elle sélectionne. L'idée, massivement partagée, qu'il émerge de tout ce système un fond de vérité, que les positions sociales qui résultent du tamis scolaire ont à voir avec les efforts accomplis, le travail fourni, l'intelligence, le potentiel. Et que ce système peut profiter à tous, y compris aux plus démunis, puisque ces derniers y disposent, sur le papier, des mêmes conditions que les plus nantis – après tout, n'est-ce pas, « quand on veut on peut ».

Cette adhésion globale au système transcende les catégories sociales et politiques. Elle est peut-être même plus intense encore dans les milieux les plus fragiles, pour lesquels l'école constitue l'unique planche de salut, ceux qui savent qu'ils ne pourront pas, le jour venu, financer une école privée à 8 000 euros par an dont nous avons vu, pourtant, que certaines s'y entendent plutôt bien pour récupérer des adolescents rétifs aux méthodes traditionnelles de l'élitisme républicain. Ou, plus directement, décrocher leur téléphone pour trouver une place de complaisance ici ou là afin d'aider le petit à démarrer dans la vie. Le mythe arrange tout le monde. Il agit comme promesse de promotion pour les uns, comme légitimation des privilèges pour les autres (oui, mon beau diplôme me confère un pouvoir indécent, mais je l'ai gagné à la sueur de mon front dans une compétition égalitaire, les autres n'avaient qu'à en faire autant). Méritocrates et libéraux s'y retrouvent, les premiers autour du caractère (soi-disant) égalitaire de la démarche, les seconds autour de l'idée que le meilleur gagne.

Adhésion massive au système, donc ? Oui. À la condition expresse qu'on ne touche pas à toutes les soupapes et exceptions qui, à chaque étape, permettent d'en contourner les rigueurs, à commencer par l'existence de l'enseignement scolaire privé sous contrat, qui scolarise environ 20 % des élèves, 30 % dans certains secteurs (au niveau du collège dans les grandes villes comme Paris). La gauche de gouvernement a gardé un souvenir tellement cuisant de sa dernière (et unique) tentative d'unification du système éducatif au sein du service public, en 1984, qu'elle n'évoque pas même du bout des lèvres, trente ans après – trente ans ! –, la possibilité de rouvrir le dossier.

Tant que coexisteront ces deux ordres d'enseignement, le marché scolaire se développera, le parent consommateur d'école s'épanouira et le modèle élitiste de l'Éducation nationale perdurera. Pourtant la coexistence de deux offres pourrait, comme dans l'économie réelle, jouer le rôle d'aiguillon, favoriser l'innovation, la recherche d'une offre distinctive, d'un mieux-disant, d'un avantage concurrentiel. C'est ce qui se passe en Bretagne, où le privé sous contrat, pour des raisons historiques, fait quantitativement jeu égal avec le public : une académie comme Rennes caracole en tête des évaluations nationales et une partie de l'explication tient à l'émulation entre les deux systèmes (même l'Éducation nationale en convient).

Ailleurs il n'en est rien car les dés sont pipés. Le privé, en France, est à 95 % sous contrat avec l'État. Cela signifie qu'il s'engage à en appliquer les règles et à accepter son contrôle. En échange de quoi l'État prend à sa charge le plus gros des dépenses : les salaires des enseignants. Le coût moyen d'un élève est de 7 000 euros annuels. Le prix moyen de la scolarité dans le privé est d'environ 400 euros par an. Le contribuable paie la différence. Imaginons un instant que, comme dans le supérieur, le privé fasse payer aux familles le coût réel de la formation : le raisonnement des familles en serait bouleversé. Le privé ne pourrait plus se contenter de faire aussi bien ou un peu mieux que le public, il devrait inventer une approche qui produise des résultats radicalement meilleurs.

C'est ce que tentent actuellement un certain nombre d'acteurs du privé hors contrat, qui multiplient les tentatives de création d'écoles primaires inspirées aussi bien par les pédagogies alternatives (Montessori) que par l'approche ultralibérale qui prétend laisser le libre choix de l'école aux parents en leur donnant un chèque-éducation représentant le montant de la dépense publique pour leur(s) enfant(s), utilisable, au choix, dans le public ou dans le privé. Une de ces écoles, le cours Alexandre-Dumas, vient d'ouvrir à Montfermeil, dans la mouvance de la Fondation pour l'école, association présidée par Anne Coffinier, énarque, normalienne et militante catho ultra[1]. Les 85 élèves ne paient que 750 euros par an, le reste étant pris en charge par la fondation Espérance banlieues.

On savait de longue date qu'il existait un marché pour les lycées privés hors contrat, péjorativement surnommés « boîtes à bac », comme si, aujourd'hui, le lycée n'était pas tout entier une gigantesque « boîte à bac ». Ce marché, qui attire aujourd'hui près de 60 000 élèves, est porté par un raisonnement assez simple des familles : plutôt que dépenser 4 000 euros par an en cours particuliers et autres séances chez le psy ou le coach d'orientation, pourquoi ne pas investir 5 000 euros dans un établissement offrant un fort taux d'encadrement ? Le différentiel, à ce niveau, apparaît modeste. Que le privé hors contrat tente sa chance dans le primaire annonce par contre le basculement du marché scolaire vers la marchandisation de l'école. En 2013, 37 établissements scolaires privés hors contrat ont

1. Mathilde Carton, « Anne Coffinier, l'autre égérie de la Manif pour tous », *M le magazine du Monde*, 11 octobre 2013. http://www.lemonde.fr/le-magazine/article/2013/10/11/anne-coffinier-l-egerie-anti-genre_3493286_1616923.html

ouvert en France et d'ores et déjà 7,5 % des dépenses éducatives s'effectuent au profit du privé.

L'enseignement supérieur constitue un bon point de comparaison. Excepté pour les filières du supérieur des lycées (BTS et prépas), le privé sous contrat n'y existe quasiment pas. Avant de convaincre un élève et sa famille d'investir 8000 euros par an, un établissement privé doit donc commencer par prouver qu'il offrira une performance que l'on ne peut pas obtenir pour moins cher, notamment dans un BTS, un DUT, une prépa publique, une grande école publique ou à l'université.

C'est pour cela, nous l'avons vu, que le privé s'est développé dans les années 1970-1980 sur des offres pédagogiques disruptives et en jouant à fond la carte du lien avec le monde de l'entreprise, auquel le secteur public, pour des raisons culturelles, était moins attentif. C'est pour cela aussi que le privé a exploré des territoires peu ou insuffisamment couverts par le public – par exemple tout le secteur des écoles d'arts appliqués, de l'audiovisuel, de la mode, du journalisme, de la communication, etc. La concurrence a favorisé la diversité pédagogique, ouvert l'éventail des choix et, sur le long terme, amélioré la qualité (les écoles privées ont été obligées d'élever leur niveau académique, l'université de se préoccuper bien plus de la question de l'insertion professionnelle).

Rien de tel dans l'enseignement scolaire, où le choix du privé relève avant tout d'une question de confiance (ou, selon le point de vue, de défiance). Exception faite des rares familles qui choisissent encore le privé pour des raisons confessionnelles, la majorité des parents se tournent vers le privé parce qu'ils doutent, à tort ou à raison, que le public s'occupera de leur enfant avec l'attention qu'ils espèrent. Ce choix est évidemment facilité, voire promu, par la modicité de son coût – 400 euros par an en moyenne, nous l'avons dit, et quand les frais sont plus importants, ils sont parfois compensés, pour les classes moyennes, par la prise en compte du quotient familial (dans ce cas la charge la plus lourde, et de loin, est la cantine).

Quel intérêt l'État a-t-il à maintenir ce système ? D'abord le risque politique d'une nouvelle attaque contre le privé est majeur. Les Français sont attachés à la coexistence des deux systèmes dont ils sont nombreux à profiter (on estime que près d'un enfant sur deux effectue une partie au moins de son cursus scolaire dans le privé). Ensuite le privé est paradoxalement devenu le meilleur allié de la méritocratie… républicaine. Sa puissance d'attraction ne tient pas, ou ne tient plus, à sa capacité à offrir un modèle éducatif alternatif (en l'espèce catholique, puisque 95 % du privé sous contrat est catholique), mais au contraire à sa capacité à faire réussir les élèves dans le système dominant. Il ne menace pas le modèle élitiste, il le renforce (ce qui, au passage, n'est pas sans poser problème aux instances catholiques qui le dirigent et s'inquiètent de n'être que les supplétifs du service public). Filons la métaphore : le privé est un peu l'offre premium du public. Vous ne trouvez pas notre produit suffisamment bon ? Pour la modique somme de 400 euros, nous pouvons vous surclasser. Comme chez un loueur de voitures, vous constaterez peut-être que ledit surclassement ne vous donne accès qu'à quelques améliorations finalement marginales, mais au moins serez-vous sorti du lot.

Presque rien ne distingue donc le privé sous contrat du public, à ceci près que le premier a le droit de sélectionner ses élèves, ce qu'il fait d'autant plus facilement qu'il refuse chaque année des dizaines de milliers d'élèves. Insistons : cette situation n'est pas fortuite. Elle est le résultat de choix politiques conscients portés, aujourd'hui, aussi bien par la droite que par la gauche de gouvernement. Elle fait partie intégrante du modèle élitiste. L'égalitarisme que promeut l'Éducation nationale vaut celui qui prévaut dans *La Ferme des animaux* de George Orwell : tous (les lycées publics) sont égaux, mais certains le sont plus que d'autres.

La coexistence de deux ordres d'enseignement fonctionnant selon des modalités différentes prive en outre l'État de toute possibilité d'agir sur la mixité sociale en utilisant l'outil de la carte scolaire. Nicolas Sarkozy avait fait semblant de la libéraliser ; François Hollande fait mine de la durcir. Entrechats polis entre droite et gauche sur un sujet hautement inflammable idéologiquement – la question de la mixité sociale, du vivre-ensemble. Chacun sait pourtant qu'aucune réforme de la carte scolaire ne rétablira à elle seule la mixité sociale[1].

Commençons par exclure du champ la centaine de zones où l'idée même de mixité sociale fait figure d'improbable horizon à court terme. Dans ces collèges

1. Georges Felouzis, Christian Maroy et Agnès van Zanten, *Les Marchés scolaires. Sociologie d'une politique publique d'éducation*, PUF, 2013.

cumulant toutes les souffrances sociales et scolaires, le premier réflexe d'une famille qui parvient à s'en sortir un peu mieux que les autres est de déguerpir, et aucun appel à la générosité civique ne la fera changer d'avis. Pas question non plus de convaincre les classes moyennes et supérieures d'y inscrire leurs enfants – pourquoi leur imposeraient-elles ce que les enseignants et principaux de ces établissements n'imposent pas aux leurs ? Ces territoires représentent environ 5 % du système. Ils sont hors-jeu pour la carte scolaire.

Excluons également du jeu, à l'autre extrême, les établissements qu'on ne quitte pour rien au monde, ces collèges de centre-ville en province, de la montagne Sainte-Geneviève à Paris (ainsi que des 6e et 7e arrondissements), auxquels l'accès est aussi simple qu'un portefeuille bien garni : il suffit de pouvoir se payer un logement dans leur zone de chalandise pour les intégrer. Ils couvrent environ 10 % de l'offre. Le privé (30 % des élèves en collège) est lui aussi hors course : il n'est pas soumis au régime de la sectorisation et peut recruter ses élèves où bon lui semble. L'école primaire, elle, est modérément impactée – on n'inflige pas des temps de transport abusifs à des petits enfants. Le lycée aussi : l'existence de sections différenciées (technologique, professionnelle et générale) ainsi que le jeu des options déterminent les affectations autant que la géographie. La réforme de la carte scolaire concerne donc, pour l'essentiel, environ la moitié des collégiens – probablement même moins : le choix est parfois drastiquement réduit par les contraintes géographiques (par exemple en zone rurale, semi-rurale ou montagneuse ou, simplement, dans les petites villes qui abritent un unique établissement).

S'il n'existait qu'un seul ordre d'enseignement, une réforme tendant à imposer une affectation aux élèves sur la seule base du lieu de résidence pourrait avoir quelque effet. Ce n'est pas le cas en France où le recours au privé est toujours possible. La question de fond est donc simple : pourquoi une partie des familles ne fait-elle pas suffisamment confiance à l'établissement que lui désigne l'Éducation nationale et tente d'y échapper ? Cette question n'est pas idéologique. Les parents qui choisissent de contourner la carte scolaire le font parce qu'à tort ou à raison ils estiment que c'est l'intérêt de leur enfant.

Problème : chacun a bien compris que la chansonnette égalitariste qu'entonnent les ministres de droite comme de gauche ne vise qu'à rendre socialement acceptable un système redoutable de tri scolaire et social. Pour rester dans la course, il faut faire les bons choix : le niveau des établissements ne se vaut pas, les perspectives qu'ils ouvrent non plus. Tant que ce modèle élitiste dominera, et tant qu'il existera deux ordres d'enseignement, aucune réforme de la carte scolaire ne permettra de privilégier la mixité sociale, en tout cas au niveau national.

Les parents ne sont pas seuls responsables de cette situation. L'ancienne rectrice Martine Daoust raconte dans son livre[1] une anecdote édifiante. Après l'incendie d'un collège de centre-ville, elle rapatrie élèves et enseignants dans un collège sous-utilisé de la périphérie. Germe l'idée de pérenniser ce regroupement, ce

1. Martine Daoust, *La réforme… oui, mais sans rien changer !*, *op. cit.*

qui permet à la fois de faire des économies et de créer un établissement mixte socialement et scolairement. Elle dut renoncer face aux réticences des parents mais aussi des enseignants – soucieux de ne pas se mélanger, ils avaient, selon l'ancienne rectrice, créé deux salles des professeurs ! Son livre, qui fourmille de scènes de genre, multiplie les exemples de ces barrières étanches et taboues qui prouvent mieux que bien des discours à quel point l'inconscient du système est marqué par son modèle méritocratique : entre professeurs certifiés et agrégés, entre enseignants du général et du professionnel, entre professeurs des écoles et professeurs du secondaire, entre maîtres de conférences et professeurs des universités, entre personnels enseignants et administratifs... Quand l'Éducation nationale peine elle-même à cohabiter sans hiérarchiser, peut-on reprocher aux parents d'agir de la sorte ?

Faut-il pour autant renoncer à cet objectif de mixité, avouer que l'ambition, formulée avant-guerre par Jean Zay[1] (qui ne fut ministre qu'un an) et après-guerre par le plan Langevin-Wallon (qui ne fut jamais intégralement appliqué), de faire de l'école un terreau de cohésion sociale n'était viable, et encore, qu'en période de forte croissance et de plein emploi, que c'était en quelque sorte un projet idéal pour les Trente Glorieuses mais hautement improbable en temps de crise ?

Cela aurait au moins le mérite de l'honnêteté, encore que les références récurrentes à l'école de Jules Ferry,

1. Olivier Loubes, *Jean Zay. L'inconnu de la République*, Armand Colin, 2012.

par les ministres des deux bords, ne racontent pas autre chose : si l'opinion conserve de cette époque l'idée d'un projet ambitionnant d'unifier la France autour de son école, elle ignore souvent – et les ministres, qui eux le savent, se gardent bien de le lui rappeler – que cette ambition s'arrêtait au certificat d'études (l'historien Antoine Prost cite un rapport d'inspection de 1938 estimant qu'un enfant sur deux ne sait pas lire à l'âge de 10 ans – on est loin de l'âge d'or que nous vendent les nostalgiques de l'école d'antan[1]). L'élite, elle, était éduquée à part, non à l'école communale, l'école du peuple, mais au lycée (qui hébergeait des classes primaires) : seule la bourgeoisie y accédait et il fallait payer pour cela. Un héritage que prolongent les grands lycées parisiens comme Henri-IV ou Louis-le-Grand, qui n'accueillent qu'une élite bien née et richement dotée... plus quelques boursiers triés sur le volet – la République, bonne fille, parfois aidée au passage par les curés, a ses œuvres, qui permettent à travers les parcours exemplaires d'un Camus, d'un Péguy, d'un Beuve-Méry, de préserver le mythe de l'égalité face à la méritocratie.

Dans la réalité, la reproduction sociale dénoncée voici bientôt un demi-siècle par Bourdieu et Passeron[2] est aujourd'hui plus prégnante que jamais. L'accès des enfants d'ouvriers aux grandes écoles les plus prestigieuses a même reculé. Le modèle élitiste de l'Éducation

---

1. *Du changement dans l'école*, *op. cit.*

2. Pierre Bourdieu et Jean-Claude Passeron, *La Reproduction. Éléments pour une théorie du système d'enseignement*, Minuit, 1970. Une passionnante actualisation de cette approche est proposée par Didier Eribon dans son *Retour à Reims* (Fayard, 2009).

nationale y est pour beaucoup, même s'il ne faut pas mésestimer l'impact d'autres phénomènes – sociaux, économiques, urbains, démographiques, communautaristes – qui contribuent à abîmer un peu plus la mixité sociale en dehors de l'école. Si les parents ne veulent pas, ne veulent plus vivre ensemble, si la crainte du déclassement accroît les stratégies visant à préserver l'entre-soi notamment à travers les choix de résidence, si le premier réflexe de ceux qui empruntent l'ascenseur social est de laisser leurs anciens voisins à leur sort, on voit mal pourquoi les familles imposeraient à leurs enfants ce qu'elles ne souhaitent pas pour elles-mêmes. C'est même l'inverse qui se produit, surtout dans les grandes villes et singulièrement à Paris, quand une famille est contrainte à vivre dans un quartier qui ne correspond pas à ses ambitions sociales et scolaires : l'embourgeoisement notable des arrondissements populaires de l'est et du nord ne s'est pas répercuté sur les collèges de ces quartiers.

Les choses ne vont pas s'arranger. Pour le meilleur, Internet et les réseaux sociaux favorisent le travail collaboratif, l'échange d'informations pour améliorer un système. Pour le pire, ils accroissent les comparaisons, la concurrence effrénée, la quête du meilleur rapport qualité-prix. Il n'y a aucune raison pour que l'offre éducative y échappe, d'autant plus que l'Éducation nationale rechigne à publier les indicateurs reflétant la qualité des établissements, excepté au niveau du lycée (modèle méritocratique oblige).

Xavier Darcos avait ainsi, imprudemment, promis de diffuser les résultats de toutes les écoles primaires ; il a fait marche arrière, avant de décider un black-out sans précédent sur la quasi-totalité des rapports de l'Inspection générale. Cette dernière est pourtant tenue, par la loi, de publier un rapport annuel. Visiblement tout le monde s'en fiche : aucune plainte ne fut déposée, par exemple par un syndicat, et le corps des inspecteurs se drapa dans un silence aussi outragé qu'assourdissant. Idem concernant les travaux de la direction chargée, au sein du ministère, de l'évaluation : ses études restèrent pour la plupart dans les cartons. Luc Chatel adopta la même posture.

Que découvrit-on quand ces rapports furent rendus publics – sur l'école maternelle, la formation des enseignants, la diversité sociale, le remplacement des enseignants absents ? Ce que tous les rapports martèlent sans effet depuis des années : l'Éducation nationale a tendance à imposer ses réformes trop vite, sans prendre le temps de l'explication sur le terrain. Rien de neuf donc. Mais leur lecture révélait aussi un paysage scolaire en voie de profonde recomposition : atomisation de l'offre, stabilité ou accroissement de l'inégalité entre les territoires, régimes d'exception… Est-ce cela que le gouvernement de l'époque voulait cacher ? L'effondrement effectif du mythe de l'Éducation *nationale* et *égalitaire* ? Imaginait-elle qu'en taisant ces rapports elle retarderait la prise de conscience ?

De retour aux affaires, la gauche a décidé de publier à nouveau rapports et évaluations, mais uniquement les données générales concernant le système. Rien qui puisse nourrir le consumérisme des familles n'est censé sortir. Cette position, à l'ère des réseaux sociaux, des forums et des outils de comparaison, est à peu près aussi vaine que le black-out sarkozyste. Plusieurs sites proposent d'ores et déjà aux usagers de commenter leur expérience scolaire ou celle de leurs enfants. On peut même s'étonner de la lenteur avec laquelle cette évaluation par l'usager se répand. Les familles passent beaucoup plus de temps à choisir un séjour de vacances ou un restaurant via des comparateurs donnant la parole aux usagers (comme TripAdvisor) qu'à s'informer sur ce qui se passe dans l'établissement auquel ils confieront leur enfant (dont la réussite de l'éducation est tout de même plus déterminante que celle d'un dîner ou même d'un séjour de vacances). Il est vrai que le choix des vacances ou des restaurants est vaste et libre – dans la limite des moyens financiers de chacun –, ce qui n'est pas le cas du choix d'un établissement scolaire.

Jusqu'à quand ? Si, demain, une offre privée en ligne émergeait, mélange d'enseignements automatisés et présentiels, à des tarifs abordables, elle pourrait facilement faire valoir ses qualités grâce aux réseaux sociaux et aux comparateurs. Naîtrait alors un véritable marché scolaire alternatif. L'Éducation nationale, sûre de son monopole, semble, à ce jour, assez peu consciente de cette perspective. Elle inquiète nettement plus l'enseignement privé sous contrat, protégé par sa réputation de qualité mais aussi par la modicité de ses tarifs.

Ces évolutions viendront à moyen terme. D'ici là, on ne vaincra pas les phénomènes d'évitement scolaire en culpabilisant les parents.

Certaines expériences ont fonctionné, notamment via la création d'options recherchées, de classes européennes, de classes à horaires aménagés musicales. Elles ont parfois été interrompues quand l'administration a constaté que ces dispositifs marchaient si bien que l'établissement devenait non plus victime mais bénéficiaire de contournement de carte scolaire. Une fois encore, le cocktail détonant de l'égalitarisme et de l'élitisme donne des résultats aberrants et totalement contre-productifs, si bien que les innovateurs, généralement écœurés et jurant qu'on ne les y reprendra plus, sont renvoyés à leurs chères études comme les inventeurs du Polaroid, de la photocopieuse ou de l'appareil numérique chez Kodak.

Comme Kodak en son temps, l'Éducation nationale imagine au fond que son modèle résistera éternellement. En dépit des signaux qui lui sont adressés, elle ne se donne pas les moyens d'innover en profondeur, de changer de modèle, préférant laisser le privé ou le monde associatif créer des offres alternatives à tous les étages du système, comme nous venons de le voir. Elle s'appuie pour cela sur un large consensus social et sur des représentations solidement ancrées dont on ne soulignera jamais assez qu'elles transcendent le clivage droite-gauche. Elle a appris à contrer les offensives visant à la démocratiser en sortant des clous de l'élitisme académique. Elle se moque de toute cohérence interne, n'hésitant pas, quand cela l'arrange, à pratiquer la sélection la plus impitoyable pour préserver son attractivité, mais continuant, d'un même mouvement, de prétendre accorder un traitement identique à tous. Pourquoi cela s'arrêterait-il ? En quoi le syndrome Kodak la menacerait-il ? Pour la même raison : la révolution numérique est sur le point de bouleverser le modèle éducatif, comme elle a bouleversé tous les modèles auxquels elle s'est attaquée.

Pourquoi aujourd'hui plus qu'hier ? Parce que la Silicon Valley s'en occupe. Quoi qu'en disent ses acteurs, elle ne le fait pas seulement pour le bien de l'humanité – même si la conviction d'agir en ce sens constitue un moteur réel là-bas – mais parce qu'il existe un besoin et qu'elle formule l'hypothèse que ce besoin est solvable. Je le redis : cette attention est récente. Un indice parmi tant d'autres. Entre 2000 et 2003 s'est tenu chaque année, à Vancouver puis à Lisbonne, un grand salon professionnel baptisé World Education Market. Il réunissait experts et professionnels de l'éducation. Il eut toutes les peines du monde à attirer les Américains. Le gotha de l'innovation pédagogique et des nouvelles technologies se retrouve désormais, depuis 2009, à Doha, pour le Wise. Les États-Unis y sont largement représentés, par des membres de leurs institutions les plus prestigieuses, et la Rand Corporation, *think tank* libéral créé après guerre, est fortement impliquée dans les programmes lancés par la Qatar Foundation, qui organise le Wise.

Ne mésestimons pas l'ampleur de la vague qui risque de nous submerger. Trente ans séparent la création des premiers ordinateurs personnels dans un garage de Mountain View en Californie, invention dont peu de personnes à l'époque pouvaient prédire le succès, de l'invention des smartphones, ces « téléphones intelligents » multimédias et connectés dont nous sommes désormais quasiment tous équipés. La suite de l'histoire s'écrira beaucoup plus vite. Elle est prise en main par un écosystème redoutablement efficace, qui sait combiner les approches technologiques, commerciales, psychologiques et comportementales. Elle est en revanche suffisamment ouverte, à ce jour, pour que nous puissions participer à son élaboration.

L'aspect technologique y tiendra une place importante, mais probablement moins décisive que la disposition au changement. Celle-ci existe au sein de l'Éducation nationale et certains cadres du système savent parfaitement la soutenir. Mais que tout cela reste discret, comme si pour innover en paix il fallait innover caché, à l'abri des circulaires ministérielles, loin des feux de la rampe médiatique. Les historiens de l'éducation Claude Lelièvre et Antoine Prost ont certes montré que des changements profonds avaient pu se jouer silencieusement, avant d'être rationalisés et exprimés par des réformes – il en va ainsi de l'obligation scolaire comme de la généralisation de la mixité, qui n'étaient pourtant pas de minces affaires. Mais cette méthode qui n'en est pas une est-elle adaptée à l'ampleur et à la rapidité des changements amorcés ? Je ne le crois pas. Trop d'indices signalent à la fois l'épuisement du système et la vigueur des innovations en cours pour qu'il soit raisonnable de s'en remettre exclusivement à la lente évolution des représentations et des pratiques pédagogiques.

Conclusion

Le sociologue suisse Walo Hutmacher est un des meilleurs experts mondiaux de l'éducation. Il y a quelques années, l'OCDE lui a demandé de piloter l'élaboration de scenarii sur l'avenir de l'école qui ont été publiés en 2001[1].

Quatre hypothèses sont ressorties du travail des experts.

La première décrit le *statu quo*, autrement dit le « maintien de systèmes scolaires bureaucratiques ». Les experts considéraient cette hypothèse sans mépris, constatant qu'elle jouit d'une certaine adhésion des sociétés et des communautés éducatives et, bon an mal an, qu'elle fonctionne, même si c'est au prix de dommages collatéraux graves, notamment en matière d'équité et de lutte contre l'exclusion.

La deuxième a été baptisée scénario de la « rescolarisation ». Elle envisage « des écoles diverses et dynamiques

1. « Scenarios for the Future of Schooling », OCDE, 2001.

après une réforme radicale » et propose deux pistes, d'une part celle de l'école comme « organisation apprenante ciblée », d'autre part celle de l'école « au cœur de la collectivité ». C'est une variante du modèle que défend généralement l'OCDE, avec accroissement de l'autonomie des établissements et contrôle national exercé *a posteriori*. En France, la droite ainsi que la gauche libérale sont assez à l'aise avec ce modèle, combattu par les Jacobins des deux bords.

La troisième hypothèse marie privatisation et innovation. Baptisée « scénario de la déscolarisation », cette hypothèse imagine que « les systèmes mettent en place des solutions de rechange à l'école ou se dissolvent ». Elle se subdivise en deux scenarii : le développement de « réseaux d'apprenants dans une société en réseau » et « l'extension du modèle de marché ». C'est, peut-être, le scénario que nous sommes en train de vivre, en tout cas dans l'enseignement supérieur.

Le dernier scénario imagine la crise avec « exode des enseignants » et « désintégration du système » – il n'est pas à l'ordre du jour.

Au cours des années qui ont suivi la publication de ces scenarii, Walo Hutmacher les a présentés publiquement des dizaines de fois, notamment devant des enseignants. J'ai assisté à une telle séance, en décembre 2003, lors du congrès du syndicat des enseignants romands, à Neuchâtel. À la fin de sa présentation, Walo Hutmacher a tracé des colonnes sur le tableau blanc – une par scénario – et demandé à l'assistance de s'approcher et à chacun de coller des post-it de couleurs différentes dans les colonnes pour exprimer d'une part ses scenarii

« préféré » et « refusé », d'autre part ses scenarii « probable » et « improbable ». Très vite, des nuages de post-it ont dévoilé que l'assistance :

– jugeait souhaitable le scénario d'une école réformée, avec plus d'autonomie, dès lors que des mécanismes de contrôle et de régulation permettaient d'en garantir la justice et l'équité ;

– refusait le scénario de la destruction de l'école comme sa privatisation.

L'ennui, c'est que le scénario jugé le plus probable était celui du *statu quo* (« maintien de systèmes scolaires bureaucratiques ») et le plus improbable, celui que l'assistance disait souhaiter le plus ardemment : la réforme.

Walo Hutmacher n'a pas vraiment commenté cette conclusion, qui renvoyait chacun à ses contradictions. Il m'a en revanche certifié que le résultat était le même dans tous les pays où il avait effectué ce petit test et qu'il était moins paradoxal qu'il n'y paraissait pour qui s'intéressait à la sociologie du changement. J'en ai pour ma part retenu deux des convictions qui parcourent cet ouvrage. D'abord la réalité d'une appétence au changement chez une majorité d'enseignants, même s'il faut parfois une robuste bonne humeur, face à certaines réactions, pour leur en faire crédit.

Un seul exemple : 56 % des enseignants seraient d'ores et déjà favorables à ce que les élèves apportent leurs ordinateurs personnels en cours[1]. « Les outils sont là, ils ont plein de potentiel – mais l'actualisation de ce potentiel dépendra des enseignants », confirmait

1. Sondage Ipsos réalisé en 2011 pour Microsoft.

Marcel Lebrun lors de l'édition 2013 de Ludovia, grand rendez-vous des professionnels de l'éducation numérique[1]. Faut-il encore que le politique soit capable de renouer avec eux une confiance aujourd'hui mise à mal. C'est l'intention affichée du gouvernement actuel. Souhaitons-lui de réussir : sans le soutien engagé des enseignants, aucune réforme d'ampleur n'adviendra – l'Histoire l'a plus d'une fois prouvé.

Car l'hypothèse de la « déscolarisation » (« les systèmes mettent en place des solutions de rechange à l'école ou se dissolvent ») est aujourd'hui plus vive que jamais – et c'est la seconde conviction qui habite ce livre.

Conçus pour la plupart dans la foulée de la révolution industrielle, les systèmes éducatifs occidentaux sont à bout de souffle. On ne formera pas les acteurs de la société numérique – et, que cela fasse plaisir ou non, notre société est en train de devenir numérique – comme on formait les ouvriers, contremaîtres et ingénieurs qui permirent aux pays occidentaux de connaître des siècles de croissance. Pas plus qu'on ne réglera les liens des citoyens et de l'État à l'heure d'Internet et de l'école pour tous comme on les gérait à l'époque où seule une minorité accédait au bac et à l'information. Un récent rapport de l'institut de conseil McKinsey, intitulé « Technologies de rupture : des avancées qui changeront la vie, le commerce et l'économie mondiale »,

---

1. Quentin Duverger, « Ludovia 2013 : bilan de 10 ans de numérique éducatif », www.vousnousils.fr, 28 août 2013. http://www.vousnousils.fr/2013/08/28/ludovia-2013-bilan-de-10-ans-de-numerique-educatif-549938

identifie douze innovations qui, selon lui, changeront le monde à l'horizon 2025[1]. La moitié impactera directement ou par ricochet les systèmes éducatifs – nous les avons croisées dans les pages qui précèdent : automatisation du travail intellectuel, impression 3D, etc. Le site TeachThought a lui aussi joué au jeu des pronostics, identifiant les trente changements majeurs qui, selon lui, impacteront l'éducation d'ici 2028, allant jusqu'à prédire que les progrès de l'intelligence artificielle permettront alors le remplacement effectif des enseignants pour certains apprentissages[2].

Les États-Unis ont compris l'extraordinaire bouleversement qui s'annonce et les formidables profits à en tirer, aussi bien pour leurs élèves que pour leurs entreprises. Ce qui ne signifie pas qu'ils gagneront la compétition. Les quelques centaines de kilomètres carrés de la Silicon Valley en Californie et de la route 128 dans le Massachusetts, plus l'enclave de Seattle, ne résument pas l'Amérique, loin s'en faut. Et les concepteurs d'outils numériques qui, là-bas, expliquent à qui veut l'entendre qu'ils œuvrent pour alphabétiser l'Afrique savent pertinemment qu'il leur faudra commencer par Detroit et La Nouvelle-Orléans, où les besoins

1. Peter Bisson, Jacques Bughin, Michael Chui, Richard Dobbs, James Manyika et Alex Marrs, « Disruptive Technologies : Advances That Will Transform Life, Business, and the Global Economy », www.mckinsey.com, mai 2013. http://www.mckinsey.com/insights/business_technology/disruptive_technologies

2. Terry Heick, « 30 Incredible Ways Technology Will Change Education by 2028 », www.teachthought.com, 19 mars 2013. http://www.teachthought.com/trends/30-incredible-ways-technology-will-change-education-by-2028/

sont criants. Les enseignants américains ne sont pas, spontanément, plus ouverts au changement que les enseignants français. Les inquiétudes qui pèsent sur les services publics sont bien plus aiguës que dans l'Hexagone. La dette étudiante américaine menace le pays – et le monde – d'un *credit crunch* auprès duquel la crise des *subprimes* pourrait apparaître, *a posteriori*, comme un aimable soubresaut de l'histoire économique (entre 1985 et 2012, les frais universitaires ont augmenté de 550 % !) – Barack Obama lui-même s'en est inquiété, au point de suggérer un raccourcissement des études de droit, intrusion fort incongrue d'un président américain dans un dossier, l'éducation, qui relève essentiellement des États et, dans le supérieur, d'établissements autonomes[1]. Quant à l'effort en faveur du numérique, il est réel, mais cela n'a pas empêché le Sénat de refuser la création d'une agence fédérale dédiée à l'innovation éducative, sur le modèle de la Defense Advanced Research Projects Agency (DARPA), qui avait inventé l'Internet voici quarante ans. D'un mot, gardons-nous de généraliser quand il s'agit des États-Unis, ce pays et cette société résistent farouchement à ce genre de tentatives. Mais c'est aussi ce qui fait sa formidable puissance. Contraint, en permanence, de faire valoir ses options dans un environnement qu'on pourrait qualifier d'hyperdémocratique (ou d'hyperconcurrentiel…), chacun y a déployé un

1. Goldie Blumenstyk, « Obama Singles Out For-Profit Colleges and Law Schools for Criticism », *The Chronicle Of Higher Education*, 23 août 2013. http://chronicle.com/article/Obama-Singles-Out-For-Profit/141253/

art du récit – du *storytelling* – extraordinairement convaincant. Nous sommes bien moins doués en la matière et nous complaisons volontiers dans le pessimisme et le désenchantement, il est vrai beaucoup plus faciles (et éditorialement tellement plus lucratifs) à porter.

Nos chances ? Je les résumerais volontiers par une anecdote. Lors d'une visite dans la Silicon Valley, avec des responsables d'établissements d'enseignement supérieur[1], nous avons échangé avec un jeune ingénieur français qui, à peine trentenaire, créait déjà sa deuxième start-up. Nous lui demandâmes si, entre autres avantages, la simplicité de créer une entreprise favorisait l'effervescence entrepreneuriale dans la baie de San Francisco. Il écarquilla les yeux : « Vous plaisantez ? Mes entreprises sont de droit français. Je ne renoncerais pour rien au monde à toutes les aides qui sont proposées quand on lance une activité – Oséo, le crédit d'impôt recherche, etc.[2] »

Le gouvernement semble avoir pris la mesure des bénéfices à tirer, pour un pays riche et éduqué comme le nôtre, de la révolution numérique. Création de « quartiers numériques », « visas entrepreneurs » pour attirer les entreprises étrangères : les projets existent. Mais tant que le système éducatif ne se sera pas mis, massivement, au diapason, nous bâtirons sur des sables mouvants.

---

1. Sylvie Lecherbonnier, « Silicon Valley : au cœur de l'innovation », www.letudiant.fr, 28 juin 2013. http://www.letudiant.fr/educpros/actualite/silicon-valley-au-coeur-de-l-innovation.html

2. Voir aussi, dans le même registre, l'article de Camille Neveux, « Bye bye la Silicon Valley », *Journal du dimanche*, 14 juillet 2013.

Cela passe par une remise en cause radicale de l'actuel modèle élitiste, centralisé et en silos qui caractérise le fonctionnement et, plus encore, le mode de pensée de l'Éducation nationale. En matière de numérique, cet état d'esprit ne pardonne pas. Après l'accident industriel du plan Informatique pour tous, pourtant lancé dès 1985, la France est en train de résoudre le problème de l'équipement et de la mise en réseau des établissements. Les deux rapports[1] de Jean-Michel Fourgous, maire d'Élancourt, ont contribué à alerter l'opinion sur le retard français – ils indiquent que la France se situerait au 8e rang européen pour l'équipement des établissements secondaires en ordinateurs, au 12e rang pour l'équipement des écoles en ordinateurs, au 12e rang pour la connexion des établissements scolaires en haut débit et au 24e rang pour ce qui est de l'accès à l'outil numérique et sa maîtrise dans un contexte pédagogique. La Commission nationale de l'informatique et des libertés (Cnil) a suscité la constitution d'un collectif dédié à l'éducation au numérique, qui regroupe vingt-huit organismes. Le rapport Beylat-Tambourin sur l'innovation, remis à Fleur Pellerin et Arnaud Montebourg, a consacré un important volet à la question éducative, notamment afin de favoriser le sens de l'entrepreneuriat. L'expertise française existe et elle est de bon niveau, dans le supérieur mais aussi dans le scolaire – pour ne citer qu'eux : Joël Boissière et Simon Fau, auteurs avec Francesc Pedró de l'excellent

1. « Réussir l'école numérique », 2010, et « Apprendre autrement à l'ère numérique », 2012.

Le Numérique : une chance pour l'école[1] ; Bruno Devauchelle, formateur d'enseignants et chercheur en sciences de l'éducation ; Jean-Marie Gilliot, professeur d'informatique à Télécom Bretagne ; ou François Jourde, enseignant en philosophie dans le secondaire, sont des figures respectées.

Des initiatives existent également à l'échelle européenne. Fin octobre 2013, la Commission européenne a présenté le programme « Ouvrir l'éducation » qui vise à faciliter l'usage des technologies numériques dans les établissements scolaires et d'enseignement supérieur, afin d'« intégrer la révolution numérique dans l'éducation ». À partir d'un constat d'urgence : les deux tiers des enfants de 9 ans de l'Union européenne fréquentent des écoles qui ne sont pas encore équipées de matériel informatique performant. C'est encore le cas de la moitié des élèves de 16 ans (20 % des élèves de l'enseignement secondaire n'ont jamais ou presque utilisé un ordinateur). Un site Internet, openeducationeuropa.eu, a été créé pour mutualiser les innovations.

Va-t-on assez vite ?

Actuellement, seuls 5 % des élèves affirment utiliser l'ordinateur tous les jours dans le cadre scolaire[2]. Le professeur et philosophe Patrick Ghrenassia met en garde : « Il ne faudra pas abuser de [la] patience des élèves. L'école doit accélérer son passage au numérique comme nouvel outil, sans sacrifier ses missions. Un effort de formation, une attitude moins crispée des enseignants,

1. Joël Boissière, Simon Fau et Francesc Pedró, *Le Numérique : une chance pour l'école*, *op. cit.*

2. *Ibid.*

des équipements en écrans (tablettes et tableaux blancs numériques), des cartables numériques, un assouplissement du carcan juridique, une plus grande confiance dans les compétences des élèves et des parents, une meilleure présence des enseignants sur l'établissement et un travail en équipe, une meilleure articulation avec les ressources en ligne, tout cela fait un programme déjà en marche.

« Mais l'école doit savoir qu'à trop traîner elle ouvre une voie royale au commerce de l'enseignement à distance, qui contourne l'école et se nourrit de ses défaillances. Ses parts de marché au niveau mondial progressent à une autre vitesse que l'introduction timide des tablettes numériques dans nos classes ! À cette course, la tortue ne battra pas toujours le lièvre. Il y a donc urgence à apprendre à enseigner avec les écrans[1]. »

Même sentiment d'urgence chez François Taddei, directeur de recherche à l'Inserm, directeur du Centre de recherches interdisciplinaires (CRI) et de l'Institut innovant de formation par la recherche à Paris, une des principales voix de l'innovation éducative : « Sur l'enseignement à distance, je ne sens encore ni de vision ni de moyens pour mettre en place une vraie politique. On en est encore à débattre de l'utilité de monter dans le train pendant que d'autres construisent des lignes de chemin de fer et des TGV. Les Américains mettent des dizaines de millions de dollars sur la table. Le problème

1. Solym Clément, « Le temps scolaire n'est ni le temps technologique, ni le temps politique », www.actualitte.com, 13 août 2013. http://m.actualitte.com/n/44395

ne se résume pas seulement à la création de cours en ligne[1]. »

Gilles Babinet, chargé des enjeux du numérique pour la France auprès de la Commission européenne et *serial entrepreneur*, estime lui aussi que nous n'avons que trop traîné : « Le temps passé depuis vingt ans à parler d'équipement est symptomatique de cette façon bien française de se donner bonne conscience. Mais ça suffit maintenant ! Ne pas aller plus vite c'est une ségrégation scandaleuse envers ceux qui décrochent et sont dépassés[2]. » Pour lui, l'Éducation nationale continue de faire fausse route : « Le postulat initial consistant à dire "Il faut équiper tout le monde" est mauvais. Tant qu'on ne parle pas de pratique pédagogique, nous n'avancerons pas[3]. » Babinet estime également que « nous souffrons en France d'un système oligarchique, qui fabrique et maintient une élite dirigeante totalement verticalisée. Celle-ci a le plus grand mal à imaginer un modèle d'enseignement plus horizontal, plus collaboratif. » Sa conclusion rejoint un des scenarii de Walo Hutmacher : « L'Éducation nationale, telle qu'on

1. Nathalie Brafman, « François Taddei : "Il ne faut pas seulement des cours en ligne, mais repenser la formation" », *Le Monde*, 23 janvier 2013. http://veille-e-formation-medad.blogspot.fr/2013/01/il-ne-faut-pas-seulement-des-cours-en.html

2. Maryline Baumard, « Pourquoi l'école française a tant de mal à passer au numérique », *Le Monde*, 8 juin 2013. http://lemonde-educ.blog.lemonde.fr/2013/06/08/pourquoi-lecole-francaise-a-tant-de-mal-a-passer-au-numerique-2/

3. Marie-Caroline Missir, « Numérique à l'école : "L'Éducation nationale va disparaître", pour Gilles Babinet », www.lexpress.fr, 10 juin 2013. http://www.lexpress.fr/education/numerique-a-l-ecole-l-education-nationale-va-disparaitre-pour-gilles-babinet_1256226.html

la connaît, va disparaître beaucoup plus rapidement qu'on veut bien le croire[1]. »

C'est également la conviction qui traverse ce livre.

Ou bien, donc, l'Éducation nationale et les universités se décident, enfin, à changer de modèle et à faire confiance à tous ceux qui, en leur sein, proposent d'autres approches, ce qui passe par des réformes radicales portant essentiellement sur la carrière, la formation (initiale et continue) et l'organisation du temps de travail des enseignants, dans le scolaire comme dans le supérieur ; sur les modalités d'évaluation des élèves, du primaire au supérieur, afin d'en finir avec le pilotage par des programmes boursouflés dont on ne valide jamais la réelle maîtrise (en somme passer d'une logique où prime l'enseignement à une logique où prime l'apprentissage) et, pour reprendre les termes de Pierre Tambourin, patron du Genopole, afin de « valoriser la prise de risque, l'initiative personnelle, la notion de démarche projet[2] » ; sur l'autonomie des établissements, assortie d'une véritable politique de péréquation aussi bien au niveau local qu'au niveau national, afin d'éviter d'ajouter aux inégalités sociales les inégalités territoriales[3]. Cela passe aussi par une reconnaissance accrue des dispositifs

---

1. *Ibid.*

2. Frédéric Dessort, « Pierre Tambourin (Genopole) : "La politique française d'innovation nécessiterait une démarche plus volontariste" », www.letudiant.fr, 29 mai 2013. http://www.letudiant.fr/educpros/entretiens/pierre-tambourin-politique-francaise-innovation-plus-volontariste.html

3. Le journaliste et expert du système Pascal Bouchard propose par exemple de repenser le système autour d'« établissements de bassin » fortement reliés à leur environnement via des conseils économiques, sociaux et environnementaux locaux. Voir son ouvrage *Je hais les pédagogues*, Fabert, 2013.

efficaces – que sait souvent mettre en place les secteurs associatif, consulaire ou à but lucratif qui, ce faisant, rend un service précieux à la collectivité – et par une clarification du mille-feuille institutionnel qui est censé diffuser le numérique dans nos écoles, collèges et lycées.

Ou alors le système éducatif persiste dans son fonctionnement en silo et refuse de toucher à son modèle élitiste. Le marché ou, pour le dire de manière plus neutre, la société se saisira des facilités qu'offre le numérique pour inventer un contre-modèle privé, à des tarifs accessibles aux classes moyennes voire, à certaines conditions, aux classes populaires. Dans ce cas le service public se cantonnera à la formation d'élites archi-sélectionnées puisées parmi les enfants d'enseignants et de cadres supérieurs (du moins tant que les systèmes de *talent sourcing* que mettent en place les plates-formes de MOOC ou LinkedIn n'auront pas gagné la partie) et à l'accueil des enfants des classes populaires, une sorte d'école des très riches et des très pauvres, tandis que le privé – sous contrat et hors contrat – poursuivra sa croissance jusqu'à faire jeu égal, quantitativement, avec le public.

C'est, dix ans après les scenarii de Walo Hutmacher, le risque que pointent les experts interrogés dans le cadre de l'étude prospective sur le développement de l'éducation à l'horizon 2030 (PREA 2K30) menée sous l'égide de l'Agence nationale de la recherche. Cette étude imagine en effet un scénario voisin de celui de la « déscolarisation », dans lequel le marché deviendrait l'instance prééminente d'organisation de l'éducation : « À de rares exceptions près, les acteurs publics [n'auront] pas eu les ressources en termes de financement, de personnel et de compétences pour assumer la gestion de l'éducation et de la formation, laissant la place à tous les types d'initiatives, provenant principalement du secteur privé et, dans une moindre mesure, du monde associatif. »

L'ironie de l'histoire est que, si cette alternative devait l'emporter, ce serait en puisant dans un vivier d'idées et d'énergies qui, aujourd'hui encore, s'expriment ou tentent de s'exprimer au sein du secteur public, tout comme les inventeurs de la photocopieuse, du Polaroid et de l'appareil numérique tentèrent, d'abord, de faire adopter ces inventions par leur employeur – Kodak. Peut-être est-ce le sens de l'Histoire. Peut-être cette reconfiguration sera-t-elle bénéfique. Mais il serait malsain qu'elle s'impose *sui generis*, en l'absence de tout débat public, de tout choix démocratique.

À l'heure où ces lignes sont écrites, Kodak est en phase de sortie de faillite. Mais à quel prix ! Tous ses brevets présentant un potentiel de développement ont été vendus, pour une somme quatre fois inférieure à la valeur que leur attribuait Kodak ; l'entreprise a été reprise, de fait, par ses créanciers et plus de 140 000 emplois ont été supprimés – en septembre 2013, l'entreprise comptait 8 500 salariés, bien loin des 150 000 salariés de la fin des années 1980[1]. Tout cela pour avoir été incapable, en temps et en heure, de penser autrement.

L'Éducation nationale et l'Enseignement supérieur public ne feront pas faillite. Du moins pas comme des

1. « Kodak sort de la faillite au prix fort », *Le Monde*, 3 septembre 2013. http://www.lemonde.fr/economie/article/2013/09/03/kodak-sort-de-la-faillite-au-prix-fort_3470682_3234.html

entreprises. Mais s'ils veulent être à la hauteur de l'investissement que le pays leur consent, ils doivent s'engager sans attendre dans la voie de réelles réformes. Ils en ont les ressources. Puissent-ils, contrairement à Kodak, comprendre que ces dernières sont avant tout humaines.

Remerciements

Ce livre s'est nourri de nombreux échanges, *In Real Life* ou via les réseaux sociaux. Que celles et ceux qui ont consacré leur temps, leur intelligence et leur expertise à m'éclairer sans en trouver trace explicite dans les pages qui précèdent veuillent bien excuser mes défauts de mémoire.

Je suis également redevable à l'ensemble des équipes de *l'Étudiant*: les échanges qui nous animent me sont une source d'inspiration quotidienne.

Xavier Wartelle, Marie Frochen et l'équipe du French Tech Hub de San Francisco ont joué un rôle déterminant dans ma prise de conscience de l'imminence du tsunami numérique dans l'éducation, lors de la première *learning expedition* d'educpros dans la Silicon Valley.

Last but not least, les constants encouragements et les lectures attentives de Sylvia, ainsi que l'affectueuse patience d'Anna, m'ont été d'un soutien capital.

Que toutes et tous trouvent ici l'expression de mes chaleureux remerciements.

Table

Cet ouvrage a été composé
par Inovcom
et achevé d'imprimer en France
par CPI Bussière
à Saint-Amand-Montrond (Cher)
pour le compte des Éditions Stock
31, rue de Fleurus, 75006 Paris
en mars 2014

Imprimé en France

Dépôt légal : mars 2014
N° d'édition : 01 – N° d'impression : 2008481
54-07-6054/8